U0137057

房龍幸福語錄

讓我們以一種非常便捷的方式進入房龍思想的核心，
領受房龍這個文明火種播撒者的思想光輝。

趙良傑————著

序言

在二十世紀的文化生活中，房龍無論如何都算一個奇跡。他出生在荷蘭，卻能用優美的英文寫作；他思想深刻，文字卻通俗易懂；他涉獵寬泛，創作也不拘一格。事實上，房龍的創作和人生已成為二十世紀一個讓人嘆為觀止的「事件」。他的著作被譯成世界上無數種文字，滋養人們乾涸的心田，讓文明的火種在世界各地播撒。同時，房龍又是以寫作為生的第一批作家，他的作品流布廣泛卻不流於庸俗，讀者的歡迎使房龍能夠以自己的筆替家人在陌生的美國贏得非常體面和富足的生活。

房龍的作品與中國讀者見面得非常之早，很多房龍剛出版的著作很快就在中國有了多個譯本。現代作家郁達夫先生曾說：「房龍文筆生動，擅長講故事，他的這種方法，實在巧妙不過，乾燥無味的科學常識，經他那麼一寫，無論大人小孩，都覺得娓娓忘倦了。」的確，房龍不是什麼原創性的作家，他的工作僅僅是將高深的理論知識以非常通俗易懂的方式介紹給普通讀者。但是，正因為如此，我們又可以說，房龍播撒的是文明的火種，他讓人們在這個專業化的時代能夠迅速獲得其他領域的知識，滋養普通讀者特別是青年讀者的心扉。僅就這一點來說，房龍就功莫大焉。

房龍的著作涉及的範圍非常廣泛，從人類學到地理

Hendrik
Willem Van Loon

2

學，從歷史到考古，從經濟史到政治文化史，都有很深的涉獵，而且其眼光也往往有獨到之處。他不是向人們傳遞一些枯燥的死知識，而是以一種對文明的幽深關懷來勾勒人類歷史的諸多面向。如今，房龍的著作在中國讀者中掀起了一個個熱潮，他的主要著作都有多個版本，獲得了很高的評價。如為《房龍文集》寫序的美國文學研究者錢滿素女士認為：「房龍始終站在全人類的高度寫作。」「他不是深奧的理論家，但未必沒有自己的體系和思想。」「選擇的題目基本圍繞人類生存發展最本質的問題，貫穿其中的精神是理性、寬容、進步。」「他的目標是向人類的物質和偏見挑戰，他采取的方式是普及知識和真理，使它們成為人所皆知的常識。」可以說，通過閱讀房龍，我們經受的是一場文明的洗禮，是對人類優秀文化的一次匆匆的巡禮。

但是我們又知道，房龍的著述非常豐富，讓讀者去通讀房龍那洋洋灑灑幾百萬言、幾十部著作（僅國內出版的《房龍文集》就收錄了十多部）既費時間又費精力，因此，我們通過對房龍大量著作的摘選，編成這部《房龍幸福語錄》，挑選房龍著作中最具震撼、最有衝擊力，同時啟發性最大的片段（同時，我們根據自己的理解為讀者提供適當的導讀），以饗國內讀者。讓我們以一種非常便捷

的方式進入房龍思想的核心，讓我國的廣大讀者領受房龍

這個文明火種播撒者的思想光輝。

Hendrik
Willem Van Loon

目錄

Hendrik
Willem Van Loon

1

下　篇 ● 哲學 · *87*

Hendrik
Willem Van Loon

3

Hendrik Willem Van Loon

4

上篇

人　生

面對生活的平庸

當前這個時代是一個沒有英雄的時代，所以各種影視劇中的英雄形象隨處可見。大多數普通人祇能面對充斥在生活中的各種凡俗之事，面對種種令人無奈但又必須面對的瑣碎之事，這些瑣事消磨著我們生活的熱情與銳氣。有時候，我們真願意放手，回到自己的個人世界。片刻之後，生活卻又把我們席捲。這就是形形色色的哲人們所批判的「文明之痛」吧。房龍對此深有感觸：

我們已經厭倦了生活中到處充斥著讓我們耗費精力的小機械、有形的物品和各種的活動；我們開始討厭我們所鍾愛的現代文明，它使我們感到疲憊，想要喝杯啤酒來解解乏。所以我們來到這裡，維勒城（荷蘭的古老小城。在《天堂對話》中，房龍虛構了一座位於維勒小城的住宅，並在這座住宅裡舉辦由他選定的歷史名人前來出席的周六晚宴。——編者注，下同。）沒有這些讓人耗費精力的東西，我們祇面對事實。（《天堂對話》）

發現他人的樂趣所在

如何評價他人，這是生活中常見的事。每個人都是複雜的，深入每一個他人的內心既無可能，也無必要。在評價他人時應該有怎樣的態度呢？房龍告訴我們，要承認他人的豐富性，發現他人的樂趣所在，這樣，我們周圍的世界才能是一個富有人情味、令我們流連忘返的世界。

恐怕我們的做法有問題。把人分成確定的類別似乎是不可能的。所有的人都是些無法分開的，善、惡、平庸的混合體。讓我們拋開所考慮到的理性因素，祇邀請那些我們想結識的人，僅僅如此，不再考慮其他因素。看看他們長什麼樣、會說些什麼，這樣做至少此時我們會覺得是件有趣的事情。（《天堂對話》）

但是，我們不能為了獲得他人的信任就去迎合他人，因為這可能會敗壞我們自己的品性。房龍對此的體會頗為深刻：

迎合施馬茨太太及其朋友們的低級趣味比取悅有較高藝術品位的王公貴族和神甫們更丟人，因為前者「不知道何為藝術，祇知道自己喜歡什麼」。（《天堂對話》）

音樂或能打破僵局

　　生活中，我們不得不與各種陌生人打交道。如何能在與陌生人的交談中互相加深瞭解，特別是對於很多剛開始認識的合作伙伴，第一次就餐該如何營造令人心怡的氛圍呢？房龍說，來點音樂吧，音樂能使客人心情舒暢，樂於交談：

　　就餐時是否要伴有音樂？可以要，也可以不要。音樂可能會成為談話的障礙，但如果審慎使用，也可以起到打破僵局的作用，因為我們會見的都是些陌生人。此外，音樂還能夠使客人們心情舒暢，更樂於交談。（《天堂對話》）

寬容待人，相親相愛

文明發展到今天，似乎取得了驚人的成就，這足以令現代人驕傲萬分。房龍提醒我們，必須居安思危！現代人沒有驕傲的理由，當今世界上的野蠻事情並未消散。兩次世界大戰讓文明人自戀的迷夢破碎不堪，而在機械化時代，人的異化狀況也愈演愈烈。如何讓文明走上正軌，防止那些野蠻事件借屍還魂，今天的人還有很多事情要做。但是首先，我們必須學會思考，認識當今世界的嚴重狀況。房龍滿懷激情地給了我們忠告：

這些人是多麼的可憐、愚蠢，具有欺騙性！他們難道沒有受過教育？當然，他們今天做事的速度比我們那時快得多：出生的快，生活節奏快，吃飯的速度快，自然也從這個世界上消失得快。但是他們有什麼收獲呢？你告訴我說他們都能讀會寫。那麼他們讀些什麼、寫些什麼呢？他們彼此之間是否比我們更能和平相處？是否比我們更彼此相愛呢？說得簡單些，他們是否能以比我們更體面、更寬容的態度彼此相待呢？而互相殘殺，世界上的一半人把另一半人送上絞刑架或火刑柱——這是為什麼？⋯⋯很抱歉，時至今日我仍不明白為什麼！（《天堂對話》）

平靜應對倉促

在所謂現代化的口號下,每個人都成了被時間追逼的工具。因此,面對現代化的諸多成就,我們要有一顆平靜的心:

自從出現了「時間就是金錢」這一可怕的口號之後,匆忙和倉促的氣氛也傳到工藝家和藝術家的工作室。今天的人,甚至想加速自然界的進程,比如讓樹木和胎兒成長得快一些。向畫家、彫塑家也提出同樣要求。搞浮雕,既要有時間,又要有耐心。這兩種美德,我們已經喪失,我們就要為此在藝術上付出代價。(《人類的藝術》)

老師是朋友，不是權威

師生關係是每一個孩子走出家庭面對的第一重社會關係。老師的地位該如何確定，讓我們這個從孔夫子開始的教育古國陷入深深的沉思，因為我們習慣了老師的權威，所以我們忘卻了老師的另一重身份：老師更應該是孩子們的朋友。師生的平等關係，是學生健康成長，能夠平等面對世界的開始。相反，老師的權威形象可能給孩子帶來終身的陰影。兒時老師的權威形象給房龍留下了揮之不去的陰影，值得我們警惕：

伊拉斯謨（荷蘭哲學家，1466-1536，十六世紀初歐洲人文主義運動主要代表人物，著有《論自由意志》）幸免於我們必須默默忍受的恥辱，因為在我年輕的時代，老師總是對的，所以家長根本不可能站在學生一邊。伊拉斯謨的老師們不吸菸，也沒有一手拿著語法書和記分冊，一手拿三根一包的雪茄走進教室。他們拿著語法書問我們問題，在記分冊上詳細地記下我們的每一個錯誤。他們一邊吸那三支雪茄，一邊幸災樂禍地看著我們答不出問題的窘態。（《天堂對話》）

讓自卑成為人生的動力

　　毫無疑問，自卑是人生中的一種負面的情緒。我們可能因為很多事情而自卑。相貌、才能、出身、婚姻等等的不順與欠缺，均是使人們自卑的因素。但是，人生的成功並不僅僅依託於此。如何讓我們從這些自卑的情結中解脫出來，甚至將它轉化為人生成功的動力呢？克服自卑，讓自卑昇華為努力奮鬥的勇氣，才能讓我們的人生更具有意義。房龍以荷蘭文藝復興時期的代表人物伊拉斯謨為例，告訴我們如何克服自卑，讓自卑昇華為人生動力：

　　當然，自卑情結所起的作用不止一種。就品行低下的人來說，這種情結可能會激起他們殘酷、惡毒和不人道的行為。至於品行高尚的人，它可能會表現為對受苦難者的仁慈、友好和同情。年輕時，伊拉斯謨因同胞的自私、懷疑和偏執而吃了不少苦頭，所以他要讓其他年輕人免於遭到同樣的命運。鑒於他實現這一目標的唯一途徑是寬容、克制和憐憫的福音，他成了當時著名的編輯和作家，為了這惟一的目的，他以最旺盛的精力奮鬥了四十年。（《天堂對話》）

堅持理性與相互容忍

面對人世間的種種不合理的狀況，面對人類歷史中人類所造成的無數苦難和不幸，面對現實中各種為名為利而奔波操勞卻失去良知的人，我們有充分理由對人類失去信心。但是，這不是我們放棄為人類而奮鬥的理由。

房龍在世時，兩次世界大戰耗費了他一生最美好的時光，生活的不幸和人世間的毀謗接踵而至，但他沒有失去對人類的信心。站在理性的立場，他對人類擺脫更大的災難充滿信心。

他以伊拉斯謨的名義寫道：

「既然整個人類，」他論證道，「都發瘋了——既然每一個人，從教皇到最卑微的鄉村牧師——從最有錢的富翁到最悲慘的貧民——從身著綢緞的貴夫人到穿著印花布晨衣的妓女——既然整個世界都一門心思地拒絕用上帝賦予他們的頭腦去思考，而堅持讓自己受貪婪、空虛和無知的支配，難道少數幾個聰明人還有必要浪費那麼多的時間和精力試圖把人類改造成他們根本就不想成為的人嗎？」

「確實如此，」伊拉斯謨反駁他們的指控，「但我要生活，我要宣揚理性和相互容忍。當你們不再為你們兩方都無法證明是正確的理論而互相攻訐的時候，你們會來聽

我的看法。那時我會告訴你們如何彼此相處，而不是非要把對手送上絞刑架或行刑車。」（《天堂對話》）

Hendrik
Willem Van Loon

對人生充滿信心

很多偉人都對人類抱有理性的態度，哪怕是面對人類歷史上數不盡的非理性現象。例如斯賓諾莎（荷蘭哲學家，西方近代哲學史上重要的歐陸理性主義者，與笛卡爾、萊布尼茨齊名），他一生困苦，對人類卻充滿信心，他的信心恰恰來自於他理性主義的看法。房龍對其充滿崇拜之情：

這個人獻出了一切，卻一無所獲，他完全有理由對人類感到絕望。但他寫下了幾行字，在今天聽起來與一百三十年前一樣正確。為方便起見，在此我引述一下：

「大自然沒有給我們的希望劃定界限，」他寫道，「人類如今已經從鎖鏈下解放，正以堅定的步伐，大步邁進在真理、美德、幸福之路上。對哲學家來說，這幅圖景讓他寬慰，雖然錯誤、罪行、不公仍玷污並困擾著這個世界。」（《人類的故事》）

斯賓諾莎的言辭給予房龍鉅大的動力。房龍以斬釘截鐵的語調繼續將斯賓諾莎的承諾付諸實施。面對時代的困境，房龍選擇了以他自己的方式來面對：

我寫本書時，世界剛剛經歷了一場劇痛，法國大革

命與之相比就衹算得是小巫見大巫。其震動之鉅大，簡直熄滅了數百萬人心中最後一絲希望之火。他們唱著進步之聖歌，而他們祈禱完和平之後，接踵而來的卻是四年的屠殺。他們問道：「為這些尚未超越最早穴居生活的人而工作、操勞，值得嗎？」

衹有一個答案。那就是「值得！」

世界大戰是一場可怕的災難。但它並非世界末日，相反，它迎來了新的一天。（《人類的故事》）

從消沉的深淵爬向希望之巔

即便遭遇困厄，以理性態度看待人類歷史的人都不會絕望。貝多芬作為一個理性主義音樂家，在自己遭受耳聾的困厄時，他以他的音樂告訴世人，人類會最終取得勝利。對此，房龍被深深地感染：

像他同時代所有的人一樣，他對周圍的人和事，產生了濃厚的興趣。他從意氣消沉的深淵中爬出來，一直爬到希望之巔，而後又從法國大革命開始發生的瞬息萬變的政治局勢，擲入更深、更黑的絕望的深淵。如果他是一個普通的人，他會玩世不恭的。他會讓他的同胞，按他們願意的方式，毀掉他們自己。但在他驚魂甫定之後，又重新披掛上陣。他像第一次世界大戰中對贏得最後勝利起過重大作用的那位偉大的法國將軍一樣，他的左翼崩潰，他的右翼受挫，他的中鋒也敗下陣來，他仍要進擊。貝多芬周圍的所有人，都因失敗不可避免而屈服，祗有他一個人，拒絕投降。他非常熟悉他的先輩中最偉大的音樂家的作品，巴赫和莫扎特的百折不撓的精神給了他力量。他發出重新集結隊伍的號角，他用準確無誤的語言重新宣布，他對人類一定要取得最後勝利的信心。（《天堂對話》）

自以為是等於真正的愚蠢

　　人們常常以為愚蠢是智力低下的表現，這是一個很廣泛但卻很錯誤的看法。每個人都有自己生活的權利，每個人都能在自己的生活中找到屬於自己的樂趣，如果你認為有些人愚蠢，房龍筆下的伊拉斯謨會給你如下建議：

　　「讓他們以愚蠢為樂吧。」他大膽地宣稱，「不要剝奪那給予他們最大滿足的至高無上的權力——讓自己成為愚人。」（《天堂對話》）

　　其實，真正愚蠢的人是那些自以為聰明而且仰仗自己的聰明對別人進行侵害的人，他們才是對理智的羞辱。所以伊拉斯謨拒絕站在爭鬥者的任何一邊：

　　他拒絕站在任何一邊。他堅持認為祇有不介入爭鬥，真正有聰明才智的人才能夠更好地服務於人類。如果有誰愚蠢地參與了戰鬥，將來他會為自己的所作所為而感到羞恥的。（《天堂對話》）

不以成敗論英雄

英雄並不一定是成功者。《荷馬史詩》中的赫克托耳（特洛伊王子，與阿喀琉斯決鬥時死在對方手裡）和阿喀琉斯（半人半神的英雄，在決鬥中殺死赫克托耳，後被太陽神阿波羅的暗箭射中腳踵而死）都不得善終，但他們都是人們心中獨一無二的英雄。勝敗常常摻雜了很多偶然因素，但是英雄的品格、英雄的氣質和英雄永不言敗的情懷，往往能打動我們的心。在西方，失敗的英雄往往會得到與成功者相同的禮遇。房龍以美國獨立戰爭勝利後賦予戰敗的英軍司令以英雄的禮遇說明了這一點：

Hendrik Willem Van Loon

在這一天，美利堅合眾國軍隊總司令，來自弗吉尼亞州芒特弗農的喬治・華盛頓將軍謙恭有禮地向英王殿下在南卡羅來納州駐軍司令查理斯・康華裡少將點頭致意，讓這位敗軍之將仍保留他的佩劍，因為他曾是一位勇敢的對手。祇要被征服的敵人在戰鬥中表現得正直勇敢，無論在勝利還是失敗時都能表現得謙遜、得體，他們共同承襲的高尚品行要求他們對敵人也要寬厚為懷。

（《天堂對話》）

克制不是一味忍耐

在很多時候，克制都是理性的表現，它防止人們因情緒的失控而鑄成大錯。但是，克制並不是一味的忍耐，否則得寸進尺的人會利用你的克制為所欲為。因此，克制還需要在適當的時候有所作為，所謂能屈能伸是也。房龍在他的著作中告誡人們什麼是真正的克制：

他們主張溫和、克制地生活，但絕不是《聖經》中所說的那種謙卑的精神。遠非如此！他們也經常對那些他們試圖幫助的人，對他們的傷害爆發難以遏制的怒火。但時間不長，他們固有的理性（我們能夠從經典著作中學到的最珍貴的東西）使他們認識到這種行為的愚蠢（祇能導致高血壓或猝死），因此他們又重新找回心靈的平靜。（《天堂對話》）

真理是簡單的

有時候，我們陷入迷茫的沉思，我們認為沉思能够帶來生活的真諦。然而，在我們思考生活的時候，生活也許已經悄悄地溜走了。任何事情都有其簡單的一面，有不需要任何思考我們都能明了的道理，祇需人們的常識就够了。很多成功的人就是善於把握簡單真理的人。莎士比亞就是這樣的人，他的很多同時代的對手比他更勤奮，卻無法超越他的成就，正是因為莎士比亞捕捉的是生活中的簡單的真理：

其他的劇作家也曾像他那樣竭盡所能，但無人能及這位來自艾馮河畔的屠夫之子。因為他們或遲或早地將陷入疑慮和冥想之中，之後開始醒來，不久又重陷迷茫的深淵。另一方面，莎士比亞從不進行說教，也不從任何角色的行為中得出任何明確的勸誡。但是，即使是毫無知識的觀眾也能分清其中的美德和醜惡，明白哪條路是通向死亡，哪條路通向永生。（《天堂對話》）

磨難是成功的助推器

中西哲人對磨難造就成功的作用都有很明確的體會。孟子曰：天將降大任於斯人也，必先苦其心志，勞其筋骨，餓其體膚，空乏其身，行拂亂其所為，所以動心忍性，增益其所不能。西方也有類似的教誨。房龍以莎士比亞的生平為例說明了這一點：

所有真正的偉人自有史以來，都曾受過責難，並且飽受無望和孤寂之苦，那也是他們遠離蕓蕓眾生所必然付出的代價，他們中的大部分人──就我所發現的人而言──均認為這是公平的安排而且無怨無悔。莎士比亞也毫不例外，他恰巧碰上那樣的時代，舞臺上人才輩出，充滿了勃勃生機和活力，使得那些最富有想象力的作家及其作品相形之下就顯得微乎其微了。（《天堂對話》）

險被埋沒的天才們

真正的大才都具有在磨難中永不低頭的勇氣。

房龍說道：

法蘭西學院曾拒絕接收莫里哀。一百年後，瑞典學院派也無視卡爾·米切爾·貝爾曼的存在，祇因為他樂於與一些醉漢們待在一起，整日衣衫襤褸，放蕩不羈，但那些醉漢們卻令他精神振奮地寫出了不朽的作品。舒伯特當時也未被奧地利皇室看做是天才的音樂家。倫勃朗死時也未能償清債務。莫扎特勞累成疾而患上肺結核。柏林評論界始終認為帕岱萊夫斯基不會彈鋼琴。梵·高在家鄉展示他的作品時，荷蘭的自由民對他的畫啐唾沫。約瑟夫·威爾地申請入米蘭音樂學院學習時，教授們認為他毫無天賦可言，毫不留情將他拒之門外。無數愚蠢及短視的行為還埋沒了許多人的名聲。（《天堂對話》）

在惡劣的環境中，才能培養出堅毅的品質，才能獲得非同一般的成就。歷史上不少人就是在這種惡劣環境的磨煉中取得輝煌成就的：

但丁在半荒蕪的拉韋納，在狹窄的、臭氣衝天的小

巷裡寫出鴻篇鉅制，而他的周圍是漁民、是農民。這些農民的生活，與活動在曠野的野獸相差無幾。又如彼特拉克（意大利學者，詩人，早期人文主義者，1304-1374），也與眾不同。彼特拉克吟詠羅馬的光輝，當時的羅馬人口，已從一百萬降到二萬，盜匪猖獗，即使神聖的教皇，也要受到襲擊，盜匪還把他的財產洗劫一空。（《倫勃朗的人生苦旅》）

勇於承認自己的弱點

　　人們對於自己的弱點，最為習慣的做法是隱瞞。但是隱瞞弱點並不代表弱點就不存在了，也不代表弱點不會被人發現，這些都不利於弱點的改正。祇有直面自己的弱點，才能更好地揚長避短。祇有這樣，我們的人生才能取得更高的成就。房龍對此直言不諱：

　　我認為許多盲點對人類而言是與生俱來的，最好的解決辦法是承認它們，然後儘量減少它們帶給我們的影響。為何我們偏偏要沉迷於個人的愛好，卻不顧及身邊眾多亟待解決的問題呢？而且，這些問題經過我們個人的努力被解決之後，可以使我們生活得更美滿。（《天堂對話》）

Hendrik
Willem Van Loon

非功利態度使事業出類拔萃

「這有什麼用？」這是我們這個時代對待事物的一般看法。殊不知，當我們功利地看待種種事物乃至我們的事業時，我們已經從這些事物上移開了我們的注意力——我們關注的不是這些事物本身，而是它們的用處。這就是人們不能忠誠地奉獻給自己的事業的原因，也是我們的事業總不能出類拔萃的原因。

房龍以科學家對事業的非功利態度為例，告訴我們，對事業有一顆非功利的心，或許才是事業出類拔萃的原因所在吧：

他們態度溫和，祇是不願意讓人們說他們是施惠於人類。他們真正感興趣的並不是人類，而是那些令他們惱怒的某種細菌的行為，他們一心要抓住它，並徹底消滅它。整個人類是他們所做一切的受益者，對於這一偉大的意義，他們自己卻很漠然。他們從不虛情假意，也不圈於人類的情感，他們是完全真誠務實的，也許正因為這一點，他們才成為優秀的研究人員。（《天堂對話》）

從生活的迷障中走出來

有的人一輩子奮鬥不息，卻所獲不多，乃至終無所獲。這不是他們的努力不够，也不是他們對事業的真誠度不够，而是因為他們生活在生活的迷障中。因此，人生的方向至關重要。在人生的旅途中，確定正確的方向才能事半功倍地取得成功，而在生活的迷障中迷失自我，則往往是人生時光付諸東流的原因。

我們都知道牛頓的輝煌成就，卻很少知道牛頓晚年因虔信上帝創世說，讓自己最後幾十年的聰明才智完全浪費，他本該取得更大的成就，但最終沒有走出生活的迷障。房龍告訴我們，祇有清除超自然力的迷障，才能確立正確的人生方向：

祇要我們勇於清除過去的垃圾，理清頭腦，重新開始一切，以親眼所觀察到的東西來指導我們，通過不懈的努力，我們就能取得人類的進步。當然，這並不意味著我沒有意識到某種力量的存在，由於缺乏恰當的詞彙，我姑且稱之為「超自然力」吧。當我們在這個星球上度過短暫的一生時，我們應該停止對這種超自然力的依賴，不能用它來指導我們的健康、肉體、情感以及日常行為。（《天堂對話》）

保持對生活的同情心

當今科學技術日新月異，科學崇拜的情緒也愈演愈烈。人們相信科學能夠解決生活中的所有問題，而對科學可能造成的誤差視而不見。飛機空難、核反應堆泄露、宇宙飛船失事，都證明了科學具有局限性。事實上，科學世界是一個機械化的世界，它最無力的地方是人類自由選擇的各種事情。它無法解釋人們自然而然地昇華出來的互助友愛之情。很多人都有這種科學崇拜情緒，房龍提醒我們，保持對生活的同情心，不讓冷冰冰的科學觀點遮住你的眼睛：

當笛卡爾邁出這一步的時候，當時的人類的確急需一個新的思想體系，號召人們以理性戰勝信仰，讓人類的智慧在日常生活中發揮應有的作用。但是，他的觀點卻導致了現代試驗的冷酷無情的一面，那兒不再有普通人類的情感空間，這時的人類已不再是本來的人類，而變成了機械系統的一個零件。如果他獨自漫遊時能撿回一條溫和可親的雜種狗，養在屋子裡，並成為他日常生活的一個伙伴，那麼，他就不會寫出低級動物「無靈魂」這種荒謬的觀點。相反，他會懂得每一種動物都有自己的靈魂，都需要我們人類的愛護和同情。（《天堂對話》）

時時審問自己的良心

祛除科學崇拜，除了保持同情心外，我們還需要時時審問自己的良心：那些既定的結論對我們生活的幫助是什麼？是得到一些看似客觀實則冷漠的科學公式和結論就滿足了呢，還是可得到對生活切實有效的幫助？實際上這是我們對待一切事物的看法。房龍就常常以這樣的問題來審問那些科學家和哲學家：

到此打住吧！因為面對這種哲學之謎時，我也不十分清醒。每當夜讀斯賓諾莎、笛卡爾、康德和尼采的書時，我的唯一問題就是，這個人在我一生中能給我多少幫助，從而給自己和鄰居帶來最大的益處，並儘可能減少自己良心上的衝突。（《天堂對話》）

珍惜生命的引路人

不少人在人生成長過程中有自己的引路人，他們對我們人生的重要抉擇產生了關鍵性影響。他們可能是我們的父母，可能是我們的師長，也可能是我們並未謀面但帶給我們啟發的古人。他們以他們的人格，他們的思想，乃至一句不經意的言談，給我們帶來終身受用的激勵。對此，我們當終生感激。在房龍的生命中就有這麼一個人：

這是因為許多年來我的生命與這樣一個人相隨，祇要是我身上美好的東西——內在的美，不僅僅是外在美（因為我長得相當帥氣，能飾演許多角色）——不論是什麼我都希望將來能有朝一日奉獻給上帝，算是我活這麼多年對上帝的交代——所有的一切都是從這個人那裡學來的。他的願望深深地印在我心中，我永遠不會背叛他，永遠不會洩露他的名字。（《天堂對話》）

有時候，生命中的引路人並不是與自己接觸最多的人，而是在關鍵時刻給我們帶來信心和勇氣的人。儘管接觸很少，但他們可能是我們最信賴的人：

他不屬於我親近的朋友。那些親近朋友的忠誠和信賴

足以成為我堅實的依靠。我要談到的這個人，一般人都覺得他是最孤傲、最冷漠、最不可信賴的人。而他在我處於個人的危機之中時，卻顯示出他具有深深的同情心。我對他甚為感激，願在餘生中為他效犬馬之勞。（《倫勃朗的人生苦旅》）

Hendrik
Willem Van Loon

寵辱不驚的人生態度

一般人的生活不會像那些偉大靈魂那樣有大起大落的波動,但人生的波折每個人都會遇到。祇有寵辱不驚地面對人生,才能持之以恒地面對自己的理想,不為外界干擾所動。房龍以安徒生的人生態度告訴我們這一道理:

幸運的是,安徒生天真的自滿個性使他並沒有意識到他真正所處的地位,他對公眾的嘲笑泰然處之,如同對待自己的天賦和如今開始接踵而至的各種榮譽一樣。例如,1847年他結束對英國的訪問之時,查爾斯·狄更斯親自為他送行,對此他深感滿意和高興,但並沒有特別地受寵若驚;他參加過多次德國小王子們的聚會,聆聽他們的妻子的讚美,接受他們的勛章和獎章,但他對這一切並沒有感到意外之喜。(《天堂對話》)

打破常規的勇氣

　　寵辱不驚的人祇是表面簡單，他們並不是內心也簡單的人。實際上，一般流俗的規範無法規約他們那顆狂熱的心，因此他們有打破常規的勇氣，創造人類歷史上與眾不同的人生輝煌。這是他們不拘泥於日常流俗之見，保持寵辱不驚的人生態度的一個結果：

　　世上有兩類所謂「簡單的」人：一種是由於完全缺乏複雜的內心世界而簡單的人，他們生來簡單，至死仍簡單。如果他們還誠實、清醒，並願意工作的話，他們就以簡單的方式做一些簡單的工作，並能獲得同事的尊敬和愛戴，因為他們都是出色的僕人或漁民，或是辦公室裡出色的職員。但是還有一些人，他們看上去簡單是因為他們複雜得不可救藥，我們祇能這樣理解他們。這些男男女女最善於打破世界的常規，並具有遠比那些毀滅帝國又建立帝國的偉大征服者們更深遠的影響。（《天堂對話》）

不僅為自己而活

　　這些打破常規的心靈，之所以偉大，是因為他們不是為自己而活，而是為人類理想而活，或者說，他們為人類而活就是為他們自己而活。儘管他們方式不同，生活態度迥異，但在為人類而活這一點上卻是一致的。下面是房龍為我們帶來的一個精彩案例：

　　聖方濟各（1182-1226，意大利人，天主教教會運動以及自然環境守護聖人）和漢斯・克里斯蒂・安徒生都屬於後一種類型（指前文那些善於打破常規的人）。他們的生活方式迥然相異，但幸運的是，上帝需要各種各樣的人來展示他的奇跡。在這種情況下，他便運用這兩個極端不同的人來達到同一個目的。一個用自己的行為，一個用自己的語言，向我們揭示了一個幻想的世界，這個世界正體現了他們的同胞對真正幸福生活的追求與渴望。（《房龍論人》）

生命的價值不在於壽命的長短

人生的價值何在，這是每個人都會面臨的問題。以個人自己為目的的生命，無疑會以延長自己的壽命為己任——想一想中國古代的養生術和煉丹術繁榮昌盛的景象吧！不過，還有一種生命類型，它不以生命的長短為限，而是以生命的質量為標的，並綻放出華麗的生命熱情。房龍以莫扎特短暫的一生告訴了我們這個道理：

莫扎特僅活到35歲，而多數人在35歲時才開始找到自我。莫扎特過度疲勞的大腦創作了626部獨立樂曲，其中包括他那些滿載盛譽的歌劇以外的49部交響樂、29首弦樂四重奏、20首彌撒曲和不計其數的鋼琴、小提琴、雙簧管和長笛奏鳴曲、協奏曲，以及無數種為各類樂器而創作的作品。正如大師海頓所說，單單是弦樂四重奏就足以為年輕的沃爾夫岡帶來不朽的聲望，而這些四重奏祇是他作品中極小的一部分。讓我們記住，任何東西經他的一觸，便立即有了生命。他祇需彈三四個琴鍵，就會發出優美迷人的樂音，仿佛是在呼喊著「莫扎特」這個名字，這聲音貫穿於樂曲始終。（《天堂對話》）

生命的價值在於質量

生命的價值在於生命的質量，在於以有限的生命創造對人類有意義的事業。祇有將生命注入公眾的事務中，才能提高自己的生命質量，進而成就自己輝煌的人生：

就壽命的長短而言，富蘭克林（1706-1790，美國科學家、發明家）與許多也活到了74歲的鄰居們沒有什麼差別，但他對周圍事物的認識和對生活的熱愛卻與其他人截然不同。另外，他不僅注意觀察所發生的一切，而且他思維敏捷的大腦使他能夠正確地看待所發生的事件。除此之外，他還具有令人愉快的幽默感、友善和現實的世界觀。這一切使他有可能為公眾服務六十年，而從未對他的同胞失去過信心。（《天堂對話》）

偉大的思想源於生活

莫扎特如何能提高自己的生命質量，在短暫的人生中創造出後世無法企及的成就呢？這是因為，他將他的整個生命都投向了音樂，卻在日常生活中顯得怪異且不合情理。這就是天才與庸眾之間的差別：

在這些事情上，莫扎特無疑是很蠢的，這不是一個有理智的人應該采取的做事方式，但有理智的人也創作不出《費加羅的婚禮》或《魔笛》來。這完全取決於我們認為什麼在人類文明中占更重要的地位——是精於獲取物質利益、將每一次冒險都轉化為一次幸運的賭博專家；還是在銀行中不名一文、用文字或旋律講故事的人（為自己的後代留下一大筆財富）；還是臨終前唯一的財產是一件襯衫的基督徒。（《天堂對話》）

不過，房龍並不完全贊同莫扎特這種不顧凡俗生活的天才式生活方式，人生的價值是多樣化的。天才的價值固然很少人能達到，但生活也自有其價值，家庭的溫馨與和睦，生活的愉快與幸福，乃至飯菜的健康與可口，都是生活中意義豐滿而外溢的表現。房龍説道：

我想下面這句美麗的話是沃夫納格告訴我們的：
「一切真正偉大的思想來自於內心。」我屬於年輕的、
更平凡的一代，我願意追隨沃夫納格的哲理——我們需
要它，且非常需要它。但是我也想加上自己的觀點：許
多光輝的思想也來源於一頓愉快且營養均衡的飯菜。
（《天堂對話》）

Hendrik
Willem Van Loon

34

超然的態度是人生最高境界

不必回避，我們這些常人往往為俗事所累，無法從具體事務中超脫出來。也許，我們並不缺乏對超然態度的向往，但在激烈競爭的現實環境中，超然就意味著被淘汰的可能性，因此我們很難做到真正的超然。

房龍以孔子為例告訴我們，超然並不是對事業無所用心，而是一種在坎坷中的人生態度，是不以成敗論英雄的人生境界：

即使面對眾多反對意見，我仍然是孔子的忠實崇拜者。因為他沒有任何超自然的矯飾，也沒有絲毫的故弄玄虛，卻使千百萬人民有了一種切實可行的人生哲學。在艱苦惡劣的環境中，沒有回報卻仍然努力奮鬥；在無以言狀的憤怒之下卻依然心情愉快；在不必全力以赴時卻仍然辛勤勞作；在本應痛苦不堪時卻仍然面帶微笑。（《天堂對話》）

超然的人受人尊敬

超然的人生態度才能給我們的生活注入一些浪漫的氣息，讓我們生命的氣象與眾不同。甚至，一個超然的人才能得到人們的擁護，具有鉅大的人格魅力。瑞典的查理就是這樣一個人，他以他的生命為超然的人生態度作了最為合適的注解：

……我十分理解為什麼大多數瑞典人至今仍對這位勇敢的騎士引以為榮，並懷有崇敬、熱愛的感情。這些瑞典人過著無聊乏味、毫無生氣的生活，而查理給他們單調的生活中注入了一點刺激，增添了一點色彩，而他們就像需要間或沐浴一下意大利溫暖的陽光一樣需要這一絲色彩。他們會承認，查理也許是個十足的傻瓜，但卻是一個非常偉大、非常光榮的傻瓜！作為領袖，追隨者對他表現的忠誠無人能及。（《地球的故事》）

超然的生活才是真正充實的生活，這樣，也就應了一句流傳甚廣的西諺：充實的一天贏得一夜安眠，多彩的一生換來幸福長眠。

人會在歷史中留下什麼

人終有一死，這終有一死的人會在歷史中留下什麼呢？有人留下豐功偉業，有人留下萬貫家財，也有人留下不朽的文字。中國古人所謂的「三不朽」中有所謂的「立德、立功、立言」，是人抗拒死亡、在歷史中永恒的三項事業。

然而，在歷史中能够留下痕跡卻是非常偶然的，有很多偶然性因素控制著人所能够留下的事物。有的人寫了一輩子書，留下來的不過是一句不經意的話。蒙田寫了很多著作，但人們記住他卻祇因為他的一句話：「我們知道的太少，然而能講的更少。」房龍對此感嘆道：

Hendrik
Willem Van Loon

一個人可能説了一句話，並且寫了下來，其實没什麼意思，祇是隨便説説而已。一個人一天可能要説上百次那樣的話，世人讓千百句這樣無足輕重的語言隨風消逝後，便忘記了它們，而祇有一句留了下來。……他終生筆耕不止、嘔心瀝血創作出的所有非常嚴肅的著作都被忘卻，或被當成包裝紙，包香腸或臘肉，但祇有這一句普普通通的話卻流傳了下來。（《天堂對話》）

有修養的人最受歡迎

有的人一人之下萬人之上，讓所有人畏懼他；有的人功成名就，讓所有人羨慕他；也有人家財萬貫，讓所有人嫉妒他。這些人為人們所關注，但並不一定就是人們最歡迎的人。

什麼人最受歡迎呢？房龍與幾十位世界偉人談心後，給出了他自己的標準。在他心中，修養才是一個人受歡迎的原因，而並非功名：

到目前為止我們已宴請了多位客人，可以對他們每個人的性格、學識、品味作一些比較。我們發現：這些政治家大多屬於那種最不受歡迎的人了。他們中大多數人一直很乏味。當然我們稱托馬斯·莫爾（1478-1535，英國政治家，歐洲早期空想社會主義學說創始人，著有《烏托邦》一作）也是位政治家，但他僅僅對政治有所涉獵，祇作為一種副業。那些出身王室的人也並不好多少。至於神學家——唉，我們心中有數，因此倒也沒有太多失望。科學家們若有機會談自己的喜好，還是表現不錯的。那些地地道道的說教主義者，也不太令人興奮。他們的自我意識太強，太以自我為中心，以至於不願接受別人的思維模式。如果我們有機會同孔子直接交談而不用翻譯，那麼

他可能是我們客人中最有趣的。一些職業哲學家對非哲學家大都持先入為主的偏見，以致他們難以成為很好的進餐伙伴。（《天堂對話》）

Hendrik
Willem Van Loon

父親不適宜過於威嚴

在人類歷史上，嚴父一直是人們對於一個好父親的要求。確實如此，在孩子的成長過程中，父親嚴厲的形象能夠阻止小孩自我中心意識的過分蔓延。但是，過分嚴厲的形象可能導致小孩心中深重的陰影。房龍以自己父親威嚴的形象所造成的後果給我們敲響了警鐘：

甚至現在，我有時都會在半夜裡驚醒和尖叫。造成這個後果似乎還應該算上早年的另一個可怕的記憶：夜裡傳來腳步聲，把樓梯踩得嘎吱嘎吱響，這表明父親正在巡視，想找茬兒，好在第二天早上懲罰我們。（《房龍傳》）

呵護小孩的天真幻想

一般認為，幻想都是一些不切實際的想法。但是，就兒童成長來說，幻想更能豐富兒童的心靈，它們能夠提高孩子的好奇心，增強孩子的同情心。房龍小時候，父親威嚴的形象給他留下了很大陰影，但他仍然健康成長，成為了一個有名的作家。這與很多人呵護他的天真幻想有關，房龍舉了一個守門的老人為例，告訴我們給予孩子幻想權利的作用：

「在我六歲時，第一次接觸德西迪里厄斯·伊拉斯謨。每天早晨八點半，老海因便板著面孔拉著我（說拖著我更合適些）去學校……每天早上我都請求老海因在雕像前停住，等著聖勞倫斯教堂的整點鐘聲響起，因為我聽說伊拉斯謨一旦聽到報時的鐘聲，就會將左手的書翻過一頁。」當然好心的老海因不想讓這孩子的第一個幻想破滅，他總是不由分說拖著孩子就走。（《房龍傳》）

所以，房龍從不認為，優秀的兒童是聽話的循規蹈矩的兒童，而是在生活中具有幻想力，能夠打破常規的兒童：

……接著孩子們自己唱歌，他們那發自內心的真誠真是感人，然後他們吃東西，喝味道不太好的檸檬水……我記得我小時候喝的檸檬水那酸酸的香味，我是那麼喜歡這種香味。雖然有一個小淘氣因吃得太多而病得厲害，可奇怪的是，這些孩子為何都那麼循規蹈矩？為何他們竟比紐約最好的家庭更講究禮貌？（《房龍傳》）

　　房龍認為，他自己的很多著作就是為了保持小孩的幻想而寫的：

　　像這樣的演講旅行我決不要進行第二次了。這類該死的事情令人討厭。為所有那些住在路邊殘破不堪的房屋裡的小孩子們，我要重新開始寫地理書。（《房龍傳》）

人生需要決斷

在生命中，我們往往陷入兩難之中，愛情的抉擇，事業的調動，朋友的更換等等，都需要我們進行判決。很多時候，決斷的失誤為我們留下無盡的遺憾，因此，決斷需要勇氣，亦需要眼力。

房龍一生中就不斷遇到這樣的抉擇。

其實，很多時候，一個人的決斷不衹關係到個人的前途與幸福，也關係到家人及後代的幸福。作為在美國工作的荷蘭人，房龍又面臨著國籍的選擇，他的選擇可能給我們帶來一些啟發：

「……我必須做出決定為孩子們做些什麼。他們要麼當荷蘭人，要麼當美國人。如果我把自己的將來與這個國家相聯繫，我能有更好的奮鬥機會嗎？要是我回到那憂鬱凝重的大洋彼岸的家，一切問題就都輕鬆解決嗎？」（《房龍傳》）

面對生活中種種挫折，房龍知道，真正的原因在於自己決斷的失誤。經過反思，房龍在心中暗下決心：

為什麼我的生活中充滿了對我自己的傷害？某些惡

毒的命運似乎強加給我許多我一點也不想做的事情，我搞不清是什麼原因或是出了什麼問題。端出這類自憐和自責的陳年舊事毫無益處。這一次我千萬別再搞錯了方向。（《房龍傳》）

如何才能正確決斷。這無疑沒有固定的答案。但是房龍告訴我們，人生的決斷必須滿足一個條件才可能正確，這個條件就是聽從我們內心的呼喚。祇有聽從我們內心的呼喚，才能不荒廢歲月。

房龍給我們講了一個老人的故事：

老人慢悠悠地抬起頭。他的臉上浮現一個銳不可當的征服者取得重大勝利的神色，他回答說，「不但公平，我所得到的報酬大大超過我的期望。你們說得對，我是無親無故。我活了一百年，常常挨餓。如果沒有朋友的接濟，我沒處住，沒衣穿。為了事業，我置個人得失於不顧。我如果詭計多端，貪婪成性，斂錢是不成問題的。但我對錢財很淡泊。我聽從內心的召喚，獨自走自己的路，並達到我們之間任何人都期望達到的最高目的。」（《倫勃朗的人生苦旅》）

坦率地分享人生

害怕孤獨是人的本能。如何避免孤獨呢？與他人分享自己的內心是一個很好的方法。在與他人分享自己的內心時，我們不能掩飾，也不能膽怯，房龍建議我們要坦率地將自己的內心向他人敞開：

我想坦率地和你談這件事，請別誤解我。如果我們打算不是幾年而是一直到永遠一起漫遊，我們要相互分擔感覺、看法和情緒，這不會很容易的。……我現在處在了一個人生轉折點。你也能把你心裡想的告訴我嗎？還是你的抑制力太強以致你做不到？（《房龍傳》）

Hendrik
Willem Van Loon

家庭的魅力

每個人都要組建自己的家庭。祇有在自己的家中，才能感受到真正歸家的感覺。人生太多不得已的事讓我們感到生活的拖累和負擔，但「家」真正為我們提供了棲息的地方。因此，我們需要學會感受家庭的魅力。如何感受，房龍如是說：

我有了一個自己的真正的家，這是我第一次擁有一個可以隨意休息和娛樂的地方，它不是無形的，而是常能察覺到的塞勒姆（美國俄勒岡州首府）祖先們喜歡的博物館似的……（《房龍傳》）

房龍對自己的家充滿感激之情，這是我們從家中獲得的力量，同時也是我們為家庭奉獻的重要動力：

我想再看看那個討厭的城市的期望讓我再一次經歷了煩人的神經性恐懼。……不過現在這種恐懼已經迅速消失了，因為我現在的家庭給予了我絕對的滿足和寧靜。（《房龍傳》）

對家庭成員的愛不分等級

對家庭成員的愛，是一種不分等級和差別的愛，對每一個家庭成員的愛都是絕對的愛。用房龍的話說，就是愛得「痴心」。房龍曾給他小兒子寫過這樣的信：

有時候人們問我這個愚蠢的問題——兩個兒子中你更喜歡哪一個？對此我可以誠實地回答：「我一輩子都不曾看出你們兩人有何不同。……你們的性格和氣質完全不同，但我實在無法抉擇更喜歡的是哪一個。有時我表現愛的方式是古怪和笨拙的。但我愛你，我親愛的兒子，像對你那大懶人紅頭髮哥哥一樣愛得痴迷。」（《房龍傳》）

房龍也從來不忘對孩子進行鼓勵和稱讚，讓他們充滿自信：

對一個你這樣年齡的孩子來說，你似乎已經見識非凡，這樣你就能知道如何明智高妙地應付這一切。要是有人問你我的去處，你可以實話實說。（《房龍傳》）

坦然面對成功

渴望成功是人生最自然的渴求。當成功不期而至時，我們需要的是面對成功的良好心態。事實上，每次成功都並不意味著我們人生整體的成功，驕傲自滿常常是從成功到失敗的橋梁。因此，坦然面對成功是一個人保持自己成功的必然要求：

我不知道自己是否真寫過這本書，那是十分艱難的工作，而現在它得到什麼評論我都懷疑。我並不是在你面前故作深沉，也不是愚蠢地對這種事太上心而對你說這話，但最近總有素不相識的人給我寫信……第一個星期就銷售了第一版的一半，你說這本書是否最終取得了成功？這一點點榮耀來得如此出乎意料，令我無法確信具有何等意義。以前人們也對我的書說過好話，但從沒有出現過這一次好評如潮的情況，可這結果會怎麼樣呢？（《房龍傳》）

以人文氣息抵抗商業主義

　　人文主義是令我們驕傲的遺產，它將人的地位提高到掌握自己命運的高度，它讓人能夠自如地掌握自己生命中的種種意外狀況。房龍說：「具有廣泛的人文主義文化的修養就會對意外的事件表示高興。」但是在今天，商業主義已經對人文主義進行了致命侵害。因此，保持人文主義就成為作家們的職責，房龍以抵抗商業化操作來維持自己作品的人文價值：

　　　　我和取得成功前一樣地惹人喜愛、頭腦簡單和直爽。可是電影製作人追逐我……我將以所有聖人的，包括已故的教皇的名義，絕不允許他們把《人類的故事》搬上銀幕。（《房龍傳》）

　　在一個商業化的世界中，作家如何保持自我呢？房龍告訴我們，以人文主義的涵養和氛圍來維持作家的自主地位，以具有激情的生命態度反對商業主義的機械化生命：

　　　　作家的地位不被這商業化的世界承認。我已經為出版商和書商賺了約30萬美元。現在我會愉快地再為他們賺個100萬嗎？我不會，因為我不能。他們都滿心歡喜地把希望

寄託於我的才華上。但我的才華極其古怪，它祇是在某些條件下才起作用，最好是跟這種或那種愚昧開戰。我必須具備某種激情。（《人類的藝術》）

如何面對戀愛的挫折

完美的愛情，是每一個人都向往的。但是，戀愛並不是單方面的決定和意願，它還與另一個人的意願有關。因此，現實中的愛情總是難以完美。我們看到的更多的是戀愛的悲劇而不是其成功。該如何處理愛情的失落呢？是在愛的幻想中一蹶不振嗎？房龍一生有轟轟烈烈的愛情，他愛情失敗的次數也不少，有時候甚至非常徹底。我們或許能從房龍給他所愛之人的信中，琢磨出面對戀愛失敗的理性態度。

在近三個月不堪忍受的神經緊張之後，事情忽然有了結果。現在請明白一件事，不錯，整個過程中你對我都是完全的、該死的誠實。我沒什麼可責備你的，你也沒什麼可責備自己的。這祇是一件偶然的事情，因為我太愛你了，結果眼中全是些並不存在的假想，直到我收到你的這封信才使我開始完全面對現實。你以前經常想讓我明白我們之間的關係，更準確地說是你想讓我明白你在你我關係中的真實角色，我直到現在才完全覺悟了。（《房龍傳》）

走出愛情的挫折，我們才能面對自己的更為真實、也

更為合理的愛情。但是愛情心理是如此的複雜，每個人都難免無法把握，甚至失去勇氣：

　　在我的一生中，我祇遇到過一個我真正愛的女人，更重要的是，即使我得了十多次頭疼，即使她問我三十多遍同一個愚蠢的問題，我都能夠忍耐。她非常端莊，她富有智慧，在我話沒出口的半分鐘之前她已知道我將說些什麼，而在她沒有回答之前，我也知道她的答案是怎樣的。經常會發生這樣的情況，我有兩三個月沒見到她，然後我發現，我知道她遇到的所有事情，她也知道發生在我身上的所有事情。她打一開始就喜歡我，她可能已接納了我，可我那時卻失去了勇氣……我害怕了。（《房龍傳》）

換一種眼光看世界

　　日常世界總是以其強大的力量讓我們屈服,大多數時候,我們祇能以它給我們的方式看世界。然而,世界的神奇與美妙之處以日常眼光是難以看到的。換一種眼光看世界,會帶給我們與眾不同的觀感,給我們生活的勇氣和源源不斷的啓發。房龍曾以親身經歷對我們說:

　　最後是無邊大海的銀色海岸線。就在我們腳下,與大海形成鮮明對比的,則是斑駁的屋頂、煙囪、房子、花園、醫院、學校、鐵路,我們稱之為我們的家,但這座塔讓我們以一種新眼光看待我們的家。混亂嘈雜的街道、集市、工廠、作坊,成了人類能力與意志的清晰表述。最好的東西,則是從四面包圍著我們的遼闊、輝煌的過去。當我們重回到日常的生活中,這過去會給我們新的勇氣,來面對未來的問題。(《人類的故事》)

Hendrik
Willem Van Loon

嘩眾取寵並非優勢

　　一個民族，或者一個人，不能誤用了自己的品質。如果將一個僅能嘩眾取寵的特徵作為自己的優勢來誇耀，這無疑是令人討厭並可能給自己帶來惡果的行為——這種行為不僅不能讓這個民族度過危難，反而給自己帶來不必要的難堪。房龍以一個精彩的例子對這種人進行了諷刺：

　　古希臘人甚至在政治家、最受歡迎的運動員身上都堅持這種品質。一個強悍的善跑者來到斯巴達，吹噓說他能用一隻腳站著，比古希臘任何人站的時間都長。這時，人們把他從斯巴達城裡趕了出去，因為他所自傲的本事，是任何一隻普通的鵝都能打敗他的。（《人類的故事》）

節制讓身心自由

人們習慣認為，對完美的追求是無止境的，但沒有想到，真正達到完美，必須學會節制。凡事都有一個度，超過度就可能適得其反。因此，掌握節制的「度」就成為了一門生活的藝術，也成為完美的一個必要前提。事實上，節制是人類古老品德中，最被推崇的一種品德。房龍以史實證明了這一點：

他感到，他聰明的鄰居們在看著他。無論他做什麼，不管是寫戲劇，還是用大理石塑造雕像，或者創作歌曲，他都記得，他故鄉裡所有諳於此道的自由居民，都將評判他的行為。這種心理迫使他追求完美，而人們從小就告訴他，沒有節制，是不可能達到完美的。（《人類的故事》）

不會節制，往往淪為日常事務的奴役。這種奴役可能來自於你所操心的各種事物，也可能來自你所用之工具，還可能來自你自己的欲望。表面上，你是這些事物的施動者，實際上，它們成為你不可擺脫的負擔。房龍以古希臘人為例說明了這個道理：

古希臘人的故事不僅是節制的故事，也是簡樸的故事。「東西」，比如椅子、桌子、書、房子、馬車，常常會占用他們主人大量的時間。最終，它們總是讓主人成了它們的奴隸，他的時間都花在照看、打磨、整理、粉刷它們上了。古希臘人則首先希望身心都「自由」。為了讓自己保持自由，為了精神上能真正自由，他們把日常需要降到了最低點。（《人類的故事》）

讓周圍人快樂起來

如何獲得自己的快樂？一個常見的誤區是，從自己身上找快樂的源泉。然而，房龍告訴我們，我們需要換一種眼光，將我們的眼光放在周圍的人身上，可能是一個更好的路徑。祇要讓你的鄰居、你周圍的人都快樂了，你的生活自然充滿樂趣。

1831年，就在第一個改革法案通過之前，傑羅米·邊沁給一個朋友寫道：「要讓自己舒服，其方法就是讓別人舒服。要讓別人舒服，其方法就是顯出愛他們的態度。要顯出愛他們的態度，就要真心愛他們。」傑羅米是個誠實的人，他說的是他認為正確的東西。成千上萬的同胞都同意他的觀點，他們覺得自己必須讓不幸的鄰居快樂起來，於是竭力幫助他們。天知道，的確該是采取點兒措施的時候了！（《人類的故事》）

聽從自己的內心

　　真正取得偉大成功的人，都是聽從自己內心的人，他們在無論多少年後的後人的眼光中，都能保持內心的驕傲和光輝的形象：

　　那個一生坎坷的文森特‧梵高，在他不作畫時，可能愛和大眾打成一片。那個見了國王拒絕脫帽的路德維希‧凡‧貝多芬也是一樣。但是一旦他拿起畫筆作畫，或蘸飽墨水寫起樂譜來，他又是與眾不同的另外一個人，他祇服從要他保持他的個性的條例，而不服從其他任何法令。（《人類的故事》）

Hendrik Willem Van Loon

生活中的兩種必備品德

古往今來的人類具有無數優秀的品德。哪些品德是我們人類必備的呢？在經過對人類歷史進行詳盡考察之後，房龍告訴我們，我們最需要的是嘲諷和憐憫。對權勢者嘲諷，對人民大眾憐憫；對生活的艱辛嘲諷，對失敗的英雄憐憫。房龍在他一本著作的結尾，鄭重推薦了這兩種品德。他以古人的格言告訴我們：

我越是思考我們的生活問題，我就越相信，我們應該選擇「嘲諷」與「憐憫」做我們的評論員與法官，就如同古埃及人讓女神伊希斯（古埃及的母性與生育之神）、女神內弗提斯來評判死者一樣。

嘲諷與憐憫都是好幫手。一個用她的微笑讓人生變得愉快；另一個用她的淚水讓生活變得神聖。

我所乞求的嘲諷，並非殘忍之神。她並不嘲笑愛與美。她溫文爾雅，她的笑讓人輕鬆。是她教會我們嘲笑流氓與笨蛋，如果沒有她，我們大概就會軟弱起來，祇能去蔑視、仇恨這些人。（《人類的故事》）

Hendrik Willem Van Loon

得體的社交（上）

在今天這個社會，社交成為一個人走向社會，向社會證明自己能力、品格、魅力的重要手段，也是一個人取得成功的必要因素。如何擁有得體的社交呢？這與我們的修養有關。良好的修養是一個人魅力的自然展現：

良好的修養和對天地間萬事萬物都能包容兼蓄的精神會當然地得出這樣的結論，上帝創造整個世界，無非是為了能給人類的智慧和熱情提供一個快樂而又不受干擾的角逐場。我在與阿姆斯特丹朋友的交往中，學會了欣賞這種修養和精神。現在，我在大洋彼岸的小島上，也感受到同樣的修養和精神。我又一次感到外部世界和內心的滿足是沒有關係的，內心滿足祇有通過與志趣相投的朋友傾心相談才能獲得。（《房龍論人》）

如何舉止得體，房龍作為一個成功者給我們如下建議：首先是禮貌待人。祇有禮貌待人，你才能給人留下好的印象——

禮貌是社會機制的土壤，因此，不論在何種情況下，即使在最痛苦的條件下，也要使自己表現得彬彬有禮。一

切男人、女人和孩子在你面帶微笑而不是皺著眉頭走近他們時會樂意為你提供更多的服務的。因此，一定要保持微笑，即使在你肚子很疼、更想詛咒而不是表現得快樂時也要微笑。（《房龍論人》）

得體的社交（下）

想擁有得體的社交，還要維持家庭和睦與幸福，以保持家庭的和諧寧靜：

如果一個家庭永遠處於無休止的爭吵中，兒子敢於頂撞父親，或對母親說她胡說八道，這樣的家庭是沒有什麼前途的。因此，鼓勵孩子們在父母們面前保持禮貌和謙遜，讓父母以理解和忍耐對待他們的兒女，這會使家庭內部生活和諧寧靜，因此家庭便成了大家都喜愛的安居之所。（《房龍論人》）

注意生活中的細節至關重要，保持衣著的潔淨：

從未見過你的陌生人會從你的個人外表來判斷你。你可能會有一顆金子般的心，但這在第一眼時沒人會注意到，但他會立即注意到你衣服領子上上周攪雞蛋時濺上的污漬。因此，努力保持自身清潔。你的衣服可以很舊很破，但至少你可以把它們刷洗干淨。（《房龍論人》）

得體的社交還需要誠實待人。房龍以商人為例：

在與其他的商人做生意時，你可以在一定程度上不老實，而至少在一段時間內不會被發現，但終究你的鄰居會發現你的劣跡，到那時你的商業生涯便會告終了。因此，在所有的交易中都要以誠待人。如果你有狡黠的本性，一定要控制住這種本能的衝動，因為誠實終究會帶給你回報，你出來是為了謀生，對吧？（《房龍論人》）

在生活中做好這些，你就能夠獲得成功。

Hendrik
Willem Van Loon

以整體的眼光看待生活

　　每個人的人生都豐富複雜。在某些輝煌的頂點，他（她）或許吸引無數人的眼光。但在大多數時候，幾乎所有人都處於沉默狀態。偉人也有平庸的時候，英雄也難免怯懦。因此，我們要以整體的眼光看待每一個人的生活。房龍以拿破侖的一生告訴我們這一道理：

　　拿破侖一定知道那個島嶼，在保存下來的他的一個筆記本中（我想是在熱那亞），他曾這樣寫道：「聖赫勒拿是大西洋南部中的一個荒涼的小島。」他在那裡的漫長的六年時光中仔細地體會到了這是多麼的真實——在他度過了比其他任何人更活躍、更榮耀的二十六年後，這六年無異於被活埋。（《房龍論人》）

學會承受生活的後果

　　活在眾人的眼光中，你的生活在得到眾人的羨慕和關注外，也很可能承受眾人的流言蜚語。今天的藝人們都是如此。因此，選擇一種生活，必須承受生活的整體後果，而不能祇接受它的給予，而不接受它的剝奪。房龍用文學化的比喻給我們講了這個道理：

　　地球的偉大之處在於它像高高放置在教堂屋頂之下的小小蠟燭，是高度讓它們放射出似乎比實際上更多的光亮。它們高高在上，而且它們如此引人注意——時時如此，幾乎讓人覺得不合適。一旦它們在風中閃爍，所有的人都會説：「看，我們的小蠟燭有些不大對頭了！」（《房龍論人》）

Hendrik
Willem Van Loon

讓藝術為生活服務

人們總渴望擺脫平庸，但英雄的事業已經離我們遠去。如何讓我們的生活煥發生氣呢？房龍建議我們培養自己的生活樂趣：

你在日常生活中，總該有你的喜好和你的拿手好戲吧！比如你喜歡畫畫，喜歡唱歌，喜歡彈鋼琴，或者喜歡戲劇表演。祇要能增加人生的樂趣，難道有什麼理由，不應該這樣做嗎？我看沒有。（《人類的藝術》）

不過，不要忘記，生活中的這些樂趣，不管是畫畫、唱歌、彈鋼琴，還是戲劇表演這些藝術門類，都是為生活服務的，不能為了它們而讓自己的生活變得混亂：

一切的藝術，應該祇有一個目的，即恪盡職守，為最高的藝術——生活的藝術，做出自身的貢獻。（《人類的藝術》）

持之以恒，堅持到底

　　人類歷史上不乏天才式人物，但是，往往取得成就的卻是一些智力平常之人。「江郎才盡」的事情歷代都有。其原因在於，天才憑借靈感恃才傲物，缺乏實干苦干的精神。作為一個勤奮的歷史學家，房龍對此深有體會：

　　當然，你要牢記，在藝術方面（正如自然科學）是沒有捷徑的。靈感不是成功之母，成功之母是堅忍不拔的毅力、毅力、更大的毅力。沒有靈感，你可能登不上頂峰，可是，光有靈感而不實干，不一步一步、辛辛苦苦、兢兢業業，在這個到處是精英的世界，你不會有什麼進展。（《人類的藝術》）

　　這就需要人們能有持之以恒、堅持到底的精神：

　　如果你已決定以一種藝術作為你的愛好，三天打魚兩天曬網可不行。你要使你的愛好伴隨著你，就像你帶著一條心愛的小狗一樣。（《人類的藝術》）

實現人生價值需有實幹精神

實際上，人類歷史發展到今天，為我們的成功提供了鉅大的空間和廣闊的舞臺。因此，不管我們涉獵何種行業和部門，我們都有實現自己人生價值的可能性。不過，前提仍然在於，我們需要有實幹精神：

現在世界上有20億人口，這20億人的口味各有不同。你幹什麼，怎麼幹，一切悉聽尊便。你想做輪船模型也好，作曲也好，暑假期間去畫山景也好，或是設計郊區花園也好，請立即向繆斯女神出身卑微的門徒求教罷。他們是你的良師益友。你對藝術的專心和忠誠，將會收到回報。他們會偶爾讓你進入他們的私人花園散步，使你在如此優美、如此完善的一個世界中，大飽眼福。頃刻之間，你這個藝術上得天獨厚的人，會領悟到人生的真諦，你為此所做的一切努力因而得到補償。（《人類的藝術》）

勇於探索

　　祇有對生活不滿足的人才會勇於探索。但是，這種不滿足不是貪得無厭的索取，而是一種深刻的不滿。祇有對生活深刻的不滿，才能產生與眾不同的發現，才能創造歷史上的輝煌。房龍非常珍視人們對生活的這一態度，他曾專門寫道：

　　米開朗琪羅的偉大，在於他的深刻的不滿。不是對別人不滿，而是對他自己。像我們這個星球上的一切偉大人物一樣，像貝多芬、倫勃朗、哥雅（西班牙近代現實主義畫家）、約翰・塞巴斯蒂安・巴赫這樣功底深厚的藝術大師一樣，他深知「完美」一詞的含意。他像摩西那樣向遠方深情地望去，仿佛見到上帝答應給他們的福地的模模糊糊的輪廓，但他心裡明白，這塊答應給的福地，是不會白給我們人世上的任何人的。我們也永遠別想到達我們不可能到達的地方。因此，一切智慧，都出自這種深刻的不滿，一切偉大的藝術，也出自這種深刻的不滿。（《人類的藝術》）

寬容不簡單

什麼是寬容？

通常情況下，人們都會自認為瞭解這一語詞的含義，寬容不就是以開放的心態面對不同意見嗎？這的確是寬容最常見的含義，但這一含義並沒有窮盡寬容的所有意義。比如，人們為什麼不寬容？又比如，寬容有什麼意義？這些問題都無法被這一常見的含義所窮盡。

這是一個簡單的問題嗎？

當然不是，聰明如房龍者要用一本書的內容來解說這一「語詞」。這既體現寬容這一問題的重要性，又體現這一問題的複雜性。還是讓我們看看房龍給我們帶來的關於寬容的複雜含義吧。首先，還是老問題，寬容是什麼？房龍說，寬容是一種對他人的態度：

寬容：容許別人有行動和判斷的自由，對於不同於自己或傳統觀點的耐心公正的容忍。

那麼，人們為何不寬容呢？房龍告訴我們：

所有不寬容的根源，都是恐懼。

那麼，寬容有何作用？人們為什麼需要寬容呢？

房龍認為，祇有寬容，人們才能到達那美好的王國，才能獲得美好的生活。同時，寬容也意味著將自己的美好向世界傳播：

我已經找到了通往更美好家園的路徑。我已經看到幸福的生活在等待著我們。跟隨我，讓我領你們去吧。諸神的微笑在那兒與在此地一樣燦爛。（《人類的解放》）

Hendrik Willem Van Loon

不寬容的原因在於恐懼

實際上，認識寬容是一回事，能夠在實際生活中踐行寬容又是另一回事。而真正的踐行者，不管身前如何被人誤解，最終也會贏得所有人的崇敬。

不過，真正的寬容不是一味的遷就，這往往是無能的表現。相反，真正的寬容是一種個性的展現。實際上，寬容一直以個體價值為前提。房龍曾說道：

為寬容所作的鬥爭，直到個性的價值被發現後才開始。

真正做到寬容並不容易，也就是說，人類要真正擺脫不寬容的根源——恐懼，並不容易。在人類歷史上，人類的求生本能往往讓人在自己無法控制的環境中失去決斷力，最終陷入不可控制的恐懼中：

生活本來是一次光榮的冒險，結果卻變成了一個可怕的經歷。之所以如此，就是因為迄今為止人類的生存完全被恐懼控制著。祇要統治著這個世界的是恐懼，那麼談論黃金時代、摩登時代、進步，就都是徒然浪費時間。祇要不寬容是我們的生存法則的有機部分，那麼要求寬容簡直

就是犯罪。

但是，房龍對人類的未來充滿信心，人類不會永遠生活在恐懼所帶來的不寬容中，總有一天，寬容的光芒會普照大地，讓人們沉浸在它的溫暖懷抱之中：

有朝一日，寬容會大行其道。那時，不寬容就會像屠殺無辜戰俘、燒死寡婦、盲目崇拜書本一樣，成為一個神話。（《人類的解放》）

Hendrik
Willem Van Loon

無知之谷

　　古希臘哲人柏拉圖講過一個著名的關於「洞喻」的故事：一群被困在山洞中的人背對著火把，祇能看到洞壁上火把來回移動的影子。久而久之，牆壁上的影子成為他們承認的唯一真實，當外來人告訴他們世界上還有陽光雨露、鳥語花香的時候，這群人拒不相信，認為外來者是在胡言亂語。

　　處在無知之谷的人即是如此，他們並非沒有充足的食物，他們缺少的是打開心靈智慧的窗戶。可惜，封閉的境況讓他們對外界事物沒有任何意識。房龍非常形象地為我們塑造了一個「幸福」卻封閉的無知之谷：

　　晚上，當他們飲罷牲口、灌滿水桶之後，就坐下來心滿意足地享受生活。

　　見多識廣的老人們從陰涼的角落裡出來了。整個白天他們都待在那兒，對著一本古書上的神秘文字沉思。

　　他們嘴裡嘟噥著奇怪的話語，對著孫兒們喋喋不休。而孫兒們更願意把玩那些從遙遠異鄉帶回的美麗小石子。

　　無知之谷似乎像《聖經》裡的伊甸園那樣純潔，每個人都過著理所當然的日子。但精神上的無助、內心的貧乏

是無可彌補的，因為神聖的權威——經書已經將這個世界
解釋完全了。無知之谷裡看似平靜的生活，事實上是靠古
老的經書和強制性的武力所維持，逼迫人們相信那些幾千
年前就規定好了的生活秩序。

　　古書上的語言含義不清。

　　但它們是一個被人遺忘的種族一千年以前寫就的，
因此它們是神聖的。

　　因為在無知之谷裡，古老的東西總是可敬的。對那
些膽敢反駁先輩們智慧的人，正人君子們總是避之唯恐
不及。

　　就這樣，人們平靜地生活著。（《人類的解放》）

先行者的困窘（上）

先行者是幸運的，他們的足跡往往行到人跡所不到之處，能領受到常人無法領受的快樂和冒險所帶來的驚喜，他們能看到世界所不為人知的那一面。但是，先行者同時又是痛苦的，他們不為一般人所理解，而且，為了堅持自己的思想和觀點，往往還要承受常人的誤解甚至中傷。房龍讓我們看到了這樣一個被誤解的先行者，他為無知之谷的人們帶來了精彩的外來世界：

Hendrik Willem Van Loon

他轉過身去，背對著先知們。他的目光在人群中搜尋，尋找那些不久前還與自己志同道合的人們。

「聽我說，」他祈求道，「聽我說，高興起來吧。我從群山之外走來，我的雙腳已經踏上了一片新奇的土地，我的雙手感受到了異族人群的觸摸，我的雙眼看見了奇異的風景。」（《人類的解放》）

實際上，先行者是最先對無知之谷的封閉產生懷疑的。他不斷對那些與生俱來的規定和觀念產生懷疑。憑著自己的好奇心和勇氣，先行者對陳腐的舊世界進行了猛烈的抨擊：

在我孩提時，我的整個世界就是父親的那個園子。

東南西北四面，從創世之初就定下了疆界。

當我問及邊界之外的世界是什麼樣時，人們輕輕地發出噓聲，不住地搖頭。當我刨根問底時，人們就把我帶到石崖下，指給我看那些膽敢瀆神的叛逆者的累累白骨。

我大叫道，「這是撒謊！諸神鍾愛那些勇敢的人們！」這時，先知們走過來，向我宣讀他們的聖書。他們解釋說，律令對天地萬物都作了規定。山谷為我們所有，歸我們支配。這裡的飛禽走獸、花卉果實都是我們的，服從我們的安排。但群山是諸神的，山外面究竟是什麼樣的，直至世界末日我們都無權知曉。（《人類的解放》）

Hendrik
Willem Van Loon

先行者的困窘（下）

　　如果先行者的探索僅僅是為了自己，他本可以在自由的世界呼吸新鮮的空氣，享受自己艱辛探索的成果；但是，先行者的使命不在於此，他的使命在於揭露長達千年的欺騙，讓人們與他一起走向新的世界：

　　他們就是這麼說的，這是一派謊言！他們欺騙了我，也欺騙了你們。

　　那些山中有牧場，草地像別處的一樣肥美。那兒的男女有著和我們一樣的血肉，輝煌的城市映現出千年勞作的榮光。

　　我已經找到了通往更美好家園的路徑，我已經看到更幸福的生活在等待著我們。跟隨我，讓我領你們去吧。諸神的微笑在那兒與在此地一樣燦爛。（《人類的解放》）

　　先行者踐履著自己的使命，僅僅以自己的肉身來對抗千年以來的權威，這種不對稱的力量對比讓他最終祇能走向毀滅。儘管如此，先行者的精神力量和感召力卻永遠不會磨滅。在未來的某個時刻，這種感召力最終會鼓舞人們走出「無知」和恐懼，進入自由的世界，在這個世界，先行者將不會被殘害：

在小路（如今已經是高速公路）的一頭，人們立下一塊小小的石碑，上面刻著先驅者的名字。是他第一個向恐怖黑暗的未知領域挑戰，把他的人民引入了一個全新的自由世界。

石碑上還刻明，這是心懷感激的後代所立。

此事在過去發生過，現在也正在發生，但願將來不再發生。（《人類的解放》）

*Hendrik
Willem Van Loon*

嚴於律己，寬以待人

就人類的本性來說，往往是嚴於律人，寬於對己。我們很自然地就對他人的過錯指指點點，予以嚴厲批評，卻常常忽視自己可能犯的更為嚴重的錯誤。但是，正如奧勒利烏斯·叙馬庫斯（約公元340-公元422，羅馬元老和雄辯家）所言：「我們為何不應和平、和諧地相處呢？我們仰望同一星辰，共居在同一個星球上，生活在同一片藍天之下。每個人沿著哪一條道路尋求最終的真理有什麼關係呢？生存之謎奧妙無窮，通向答案的道路不止一條。」

有太多太多的理由讓我們寬以待人，有太多太多理由讓我們以對待自己的方式對待他人，耶穌基督曾說：「愛你的鄰人。」他甚至還說：「愛你的敵人。」但是，人類似乎常常忘記這樣的囑咐，其結果是無盡的殺戮和咎由自取的毀滅。

房龍用巴比倫毀滅的例子告訴我們同樣的道理：

那些在造磚廠中遺留下一段段宗教短文的蓄著奇特鬍鬚的巴比倫人，當他們虔誠地呼喊「有誰能理解天上諸神的旨意」時，他們心裡究竟是怎樣想的呢？他們不斷祈求聖靈，努力闡釋其律令，將聖靈們的旨意刻在最神聖的城市的大理石柱上——對這些聖靈，他們內心又是如何看待

的呢？為什麼他們一方面極為寬容，鼓勵僧侶們去研究天宇、探索陸地和海洋，而同時又是殘暴的劊子手，僅因為自己的鄰居違犯那些在今天看來微不足道的宗教禮節，就對他們大加懲罰呢？（《人類的解放》）

Hendrik
Willem Van Loon

設身處地的相互理解

怎樣才能避免誤解,最終達到相互理解呢?房龍告訴我們,必須虛心瞭解對方的處境,以同情的態度對待之,才能達到相互理解。這就需要以一種科學的態度來對待對方,而不是以自己的好惡為標準對他人進行指責和批評。房龍繼續說道:

許多情況下,我們的努力會得到豐厚回報。野蠻人其實就是在不利條件下的我們人類自身,祇是尚未得到上帝的感化。通過仔細研究他們,我們瞭解了尼羅河谷地和美索不達米亞半島的早期社會。對野蠻人全面深入的認識,也使我們得以一窺許多奇怪的被掩藏的人類天性。我們人類這種哺乳動物五千年來形成了薄薄的一層習俗禮儀的皮殼,那些天性都深埋在這層皮殼底下了。(《人類的解放》)

同時,要積極發現對方的優點,積極尋找對方身上我們需要學習的地方,而不是以一種居高臨下的態度傲然相視。房龍讓我們注意,我們並不比原始人更為先進:

與原始人相見,並非總讓我們自豪。另一方面,對我

們已經脫離了的生存狀態的認識，加之對人類所取得的豐功偉績的讚賞，祇能給我們以新的勇氣面對手頭的工作，如果還有別的話，那就是使我們能給自己落伍的遠方表親以更多的寬容。（《人類的解放》）

對生命保持樂觀之情

　　尋求輝煌的人生是我們每個人的心願。但人生的輝煌往往就意味著不在尋常人生的道路上過多的逗留，就意味著遭遇更多的生活挫折。這就需要對人生保持樂觀的心情。祇有樂觀以及對獲得輝煌人生的信心，才能幫我們度過一個個難關，創造生命的輝煌。房龍筆下的西班牙小說之父塞萬提斯就是這樣一種人：

　　1580年11月，也就是9年之後，他才又踏上了祖國的土地。任何一位稍微悲觀一點的人，遇到這種情況都會說：「夠了，夠了，我可能生來就不是福星，我還是到一個偏僻之地，找份工作，度過此生吧。」但這不是塞萬提斯所為，他又踏上了更為危險的遠赴北非港口之旅。在十六世紀下半葉，他成為西班牙的一個雇傭文人。（《天堂對話》）

　　實際上，很多偉人正是因為對生命保持樂觀的態度，才能在鉅大的挫折中綻放出勇氣和熱情，讓自己邁向成功的步伐更為矯健。對此，房龍讓我們看看貝多芬的例子：

　　貝多芬的失聰使他幾乎完全切斷了與同伴的交往。

1824年他最後一次試著指揮一場音樂會，卻不得不在演出中途放棄，因為他根本不知他的音樂家們在幹什麼。從那以後，他祇能憑借小紙條來與外界交流。當他在咖啡屋與朋友會面時，他就在紙條上寫下自己的問題。這些小紙條許多都被保存了下來，它們是最令人感動、最崇高的人類勇氣的見證。（《天堂對話》）

房龍本人也是一個面對挫折毫不動搖的人，在面臨事業的一再失敗時，房龍仍然滿懷信心地對人說道：

在下相信，祇有我能勝任這個工作，這將有一大堆麻煩。但我感到自豪，我想使世人大吃一驚，證明我不是像他們所想的那樣的傻瓜，我能做出驚天動地的事情。（《天堂對話》）

適應各種處境

　　社會處境往往變化萬千。大到整個社會，小到一個人的生活境遇，都可能發生很大改變。如何應對那些改變了的處境呢？我們祇有適應。因此，必須不斷改變自己已有的價值觀念。房龍以歷史上的事例告訴了我們這一點：

　　然後爆發了大戰，把舊封建社會結構的這些最後殘留物也一掃而光。下層人接管了政府。以前的官員中，有的已經太老了，無法改變一生的習慣。他們當掉自己的勛章，然後死去。但絕大多數人接受了無法更改的事實。他們從小接受的教育就是，工商業是低等行業，不值得他們去費心。工商業也許低等吧，但他們要麼得從事工商業，要麼就得進窮人救濟院。願意為自己的信仰挨餓的人，總是比較少的。於是，大動蕩後沒幾年我們就發現，大多數以前的軍官和官員現在做的工作，是他們十年前碰都不肯碰一下的，而現在他們做起來也並非不情願。此外，他們中大多數人的家族，多少代以來都受訓練做行政工作，很習慣於管人。所以，他們在新職業中前進也比較容易。現在，他們比以前指望的快活得多，也肯定繁榮得多。

　　（《人類的解放》）

哲　學

擁有健全的理智

　　人類的理智並不會時刻保持清醒狀態。很多時候，人類理智的自以為是會造成無法挽回的災難。如何最終克服人類的自傲帶來的危害，房龍寄希望於未來，寄希望於對人類理智的局限性有更深刻認識的時代的到來，寄希望於一種有寬容性、哪怕是智力不高的理智在人類生活中取得支配地位。

　　健全的理智才能避免大規模的爭鬥，才能防止第一次走火的槍聲。這就需要妥協，不會妥協的人才會導致真正的愚蠢，它是戰爭的動因，也為人類的毀滅種下了苦果，埋下了伏筆：

*Hendrik
Willem Van Loon*

88

　　因為到處都是不安定局面，到處都是爭吵和戰爭。祇是由於妥協才避免了大規模戰爭的爆發，但妥協不能使任何人滿意，卻增加了普遍的猜疑和不信任。很快將會發生事變，事情總是這樣的，因為當每一個人都武裝了起來之後，槍是會走火的，第一聲槍響將會導致萬炮齊發，隨後幾乎不可能避免地要出現不分青紅皂白的大屠殺。（《人類的故事》）

公民的道德

國家的繁榮昌盛與公民高尚的道德有莫大關係。常常有這樣的事情發生，一個強大的國家因為公民道德感和責任心的跌落而衰落。古羅馬是如此，房龍的祖國荷蘭亦是如此。道德跌落的國家容易被野心家所利用，最終結果是公民自身權益的損害。對此，房龍說道：

唉，命運女神決定著人類之間的各種關係。在做出上述最後抉擇之前，命運女神不受歡迎的干預破壞了事物的正常發展。然而，正常的發展可以使一個國家明確其政府體制，免於遭受自私自利的派別和野心勃勃的肆虐。（《天堂對話》）

道德的跌落和責任心的退消，讓國家處於一種不知不覺的衰敗之中。但缺乏公民道德感的人對此卻不自知。結果是，當衰敗已經腐蝕了整個國家的所有角落時，人們還在強盛的迷蒙中毫無知覺，甚至，人們失去了追問失敗理由的勇氣：

隨後在原有的土地上，一種與舊文明完全不同的新文明逐漸發展起來，但同樣是極其緩慢的，不引人注意

的。直到有一天人們突然意識到，雖然名義上他們仍講同樣的語言，仍然忠於同樣的旗幟，仍然被認為是崇拜同一個上帝，但彼此之間已沒有共同之處了。發生這樣的變化之後，人們越想為自己做出解釋、說明動機，越解釋不清楚。（《地球的故事》）

從歷史中獲得教訓

　　人類未來的路還在不確定中。今天的人祇能在歷史中才能把握未來歷史的走向，從歷史中獲得經驗和教訓。面對人類當今遇到的種種問題，我們無法逃避，祇能直面。然而，我們怎麼才能處理好這些問題呢？作為歷史學家的房龍大聲疾呼，要向歷史學習，祇有知道歷史中種種災難的原因，我們才能不讓歷史的災難在我們的時代一再重複。讓我們聽聽房龍的肺腑之言吧：

　　如今，沒有人關注此事，也沒有人留意我們的成果。我們剛走出一場可怕戰爭的陰影，馬上又處於另一場戰爭的邊緣。近二十年來，我不停地奔走呼吁：「看在上帝的份兒上，學點歷史吧。否則，我們必將陷入深淵。」但是，當今政治家的文化修養越來越低，最終的結果，必將導致一場空前的災難，使我們的文明萬劫不復。（《天堂對話》）

「良幣」須為人所重

歷史並不是總如進化論者所認為的那樣，一直以優勝劣汰的步伐一往無前。我們看到的歷史往往是野蠻征服文明、落後壓倒先進。這就是格雷欣爵士（托馬斯·格雷欣，1519-1579，英國著名金融家，皇家證券交易所、格雷欣學院創始人）的名言「劣幣總是驅逐良幣」所說明的狀況。但是，人類歷史雖然有後退，有失敗，但總體上卻仍然在向前進——這證明，人類歷史都是人創造的，祇有人的文明程度提昇，人類歷史才會進步。

因此，「劣幣驅逐良幣」也並非是人類歷史的真相，善良且公正的人創造歷史才是人類歷史的真相。這是房龍一生的歷史研究告訴我們的結論：

伊麗莎白女王的一位精明商人，托馬斯·格雷欣爵士的一句格言：「劣幣總是驅逐良幣。」我建議把這句格言引申一下：不完善的政綱將排擠完善的政綱，就像劣質音樂排擠優美音樂以及陋習排擠良好習慣一樣，除非完善的政綱、優美的音樂、良好習慣以及所有好的東西永遠為人所重，它們才能抑制住相應的壞東西。

（《天堂對話》）

務實的世外桃源

人類的大多數世外桃源的理想往往都被證明是空想，甚至很多烏托邦式的理想造成了人類鉅大的災難——想一想「文革」式的「理想」災難就能讓我們對此保持充分的警覺。不過，人類的理想從來不會因此而完全磨滅掉。那麼，怎樣保持一種健康的理想呢？一個人怎樣才能成為一個健康的理想主義者呢？房龍的如下文字也許能給我們啟發，他給我們帶來的是一個務實的世外桃源：

那裡還有一些小村莊，居住著自給自足的人們，每個人都被一種激情激勵著，他們希望給孩子提供一切可能去接受更好的教育，使他們像普通美國人那樣度過一生，發揮出他們的所有能力去從事生活中真正有價值的事情。這些不慌不忙的人們還渴望著友好相處，在他們看來，每一個人不都是一個真正的朋友嗎？他們竭盡所有的力量，充分利用他們的機會，這是他們作為民族一員的責任，這一責任是上帝和自然所賦予的，而這一點正是令這個星球上其他民族所羨慕的地方。（《天堂對話》）

不滅的智慧火花

一部人類的歷史就是一部正義與邪惡、文明與野蠻鬥爭的歷史，而且多數情況下，正義與文明會身處險境。但是，無論多麼黑暗的時代，人類智慧的火花雖歷經磨難，卻總是能夠流傳下來。這體現出人類正義力量的強大。柏拉圖「對話集」的著作就是這樣滋養了一代代文化人的。對此，房龍寫道：

雖然大部分古代文學已永遠流失了（包括基督教早期的一些聖書），而柏拉圖的著作卻總被萬分小心地保存了下來。羅馬衰落後幾個世紀的動蕩歲月裡，新教派不僅謀殺了柏拉圖哲學最出色的倡導者，而且還肆意焚燒了他們所能找到的有關書籍。即使如此，仍有相當數量的柏拉圖的忠實者藏起了這些無價之寶，足夠讓子孫後代們享用。（《天堂對話》）

人類的終極問題

什麼是人類的終極問題？這並不衹是宗教徒所要追問的問題，也是我們每一個人在生命的某個時刻會讓自己產生疑惑的問題。事實上，這也是眾多文學、藝術、哲學的主題，也是每個在人類精神上留下痕跡的偉大思想家所關注的問題。

事實上，終極問題是人類必須面對而且會永遠面對的問題，史前人類就對上天為什麼造人發出了疑問，所以每個民族都有自己的神話。人類文明之初的人們將這種疑問具體化。房龍認為，古埃及人就有了對人生種種終極問題的疑問：

有一天埃及人發現，他的大腦可以想各種事情，這些事跟吃、睡、給孩子找住處毫無關係。埃及人開始思考自己面對的很多奇怪問題。星星從哪裡來？那讓他如此恐懼的雷聲，是誰發出來的？誰讓尼羅河定期泛濫，以至於可以根據洪水的消長來做曆法？他自己，一個奇怪的小生物，周圍布滿死亡與疾病，而他又這樣快樂，這樣充滿歡笑——他自己又是誰呢？（《人類的故事》）

什麼樣的國度適合居住

選擇一個適合居住的地方,會對個人命運產生關鍵影響。但什麼樣的國度適合居住呢?是地理條件優越,還是人文條件富足,抑或是兩者兼而有之呢?房龍認為,最適合居住的地方,是有高度責任感的地方。他認為英格蘭就是這樣的地方:

在倫敦的街上,無論是在火車站,還是在商店裡,每個人似乎都知道自己在幹什麼。警察提供各方面的幫助。一切好像都自然而然地運作著,不用叫喊,不用咒罵,不用揮舞刀劍和求助於警察條例。就純粹的舒適而言……英格蘭是所有別的國家無法相比的。(《房龍傳》)

相反,在一個公民沒有安全感,也沒有責任心的國家,則不會有人保衛國家,而國家也不能保障公民的合法權益。祇有保護公民,讓公民有足夠自由權的國家,才能得到公民傾其所有的維護,這「傾其所有」包括生命。房龍以古希臘和羅馬的不同命運說明了這一道理:

一旦古希臘城市受到進攻,外來居民就會盡快搬出城去。古希臘城市對他們來說,祇是一個暫時的寄居地,需

要付租金，古希臘人才能容忍他們。那麼，這些外來人何必為古希臘城市而戰呢？但當羅馬的敵人兵臨城下，所有拉丁人都趕來守城。這是他們的「母親」面臨危險。即便他們住在一百英裡以外，從來沒見過聖山上的城墻，這仍是他們真正的「家」。（《人類的故事》）

早期羅馬正是憑借自身「適合居住」的特徵，逐漸挫敗了所有敵人的進攻，成為世界上罕見的大帝國。這個帝國的強大不在於軍事，而在於具有強烈責任感的公民。房龍對此並不吝嗇自己的筆墨：

失敗、災難都無法改變這種同仇敵愾的情緒。公元前四世紀初，野蠻的高盧人強行進入了意大利。他們在亞利亞河附近打敗了羅馬軍隊，朝羅馬城進軍。他們占領了羅馬，然後指望著羅馬人會來求和。他們等啊等，但毫無動靜。過了不久，高盧人發現自己周圍的人全都滿懷敵意，讓他們無法獲得給養。過了七個月，饑餓迫使他們撤軍。羅馬平等對待「外來人」的政策，取得了鉅大的成功。羅馬比以前更強大了。（《人類的故事》）

戰爭狂人不是偉人

在人類歷史上，最具損害和破壞性的不是自然災害，也不是瘟疫，而是戰爭。兩次世界大戰將人類的戰爭史推向高峰。人類怎樣避免戰爭呢？途徑多種多樣。但最重要的是我們每一個人都肩負起反對戰爭的職責。房龍對戰爭的危害有清醒的認識：

德國的重炮發射了三輪，接著是靜靜的十分鐘。……在你所瞭解的一切有關德國人的兇殘中減去60%，又在有關戰爭的轟動方面減去20%，剩下的20%顯現出異常可怕的情景：醉醺醺的搶劫——焚燒——把人吊死和謀殺。所有的德國倫理學教授即使用二十年也無法找到合適的語言來解釋這一切。（《房龍傳》）

一個發動戰爭的國家，無論它取得怎樣的成功，實際上僅僅是其滅亡的回光返照。房龍對此深信不疑，他以納粹德國為例說道：

據說……一個人在他快溺死的時候，在那短短的幾秒鐘裡能夠回顧其一生的各個時期。就像德國，一個注定是要死於非命的國家，在臨死前經歷了如此令人驚奇的變

化。一個時代的後面緊隨著完全不同的下一個時代，沒有人能解釋得清楚這種情況。（《房龍傳》）

所以，房龍從不認為取得成功的戰爭狂人是偉大的人，他對他們有不少輕蔑之言：

我認為自拿破侖以來，這個人（希特勒）最大地威脅了世界和平，另外他也是一個因拒絕學習歷史而玩命蠻幹的笨漢。我認為我有責任回去發動一場反希特勒的運動，並不祇是因為他討厭猶太人，而是因為他敵對一切拯救文明的方式，是我們天大的仇敵。（《房龍傳》）

Hendrik
Willem Van Loon

攀登歷史之塔

看待歷史需要有新的眼光,除此之外,我們還需要勇於攀登和進取的精神,祇有這樣,我們才能領略到深刻的教誨和啓發。房龍語重心長地告誡我們:

歷史就是雄偉的經驗之塔,是時間在過去時代的無邊荒野中構築起來的。想到達這一古老建築的頂部,看到全貌,並非易事。塔裡沒有電梯,但年輕人的雙腳是強有力的,能登上去。

現在,我把打開大門的鑰匙給你們。

你們回來的時候,就會明白我為什麼熱衷於此。

(《人類的故事》)

在危難中勇於學習（上）

人類總是面對各種各樣的大危難。據歷史學家說，人類曾多次面臨絕種的危險。但人類最終走出了一次又一次危難。人類之所以能夠走出危難，創造像今天這樣的輝煌，是因為人類善於開動腦筋，向大自然學習。

人類歷史如此，我們個人生活同樣如此，一次次危難讓人望而卻步。如果沒有在危難中勇於學習的勇氣，我們是很可能被危難所吞噬的。我們要向我們的老祖先那樣，在危難中開闢自己生存的空間：

雪下了一個月又一個月。所有植物都死了，動物倉皇逃竄，尋找著南方的太陽。人類把孩子背在背上，跟那些動物一起逃生。但人走的不如野獸那麼快，要麼是快想辦法，要麼就是速死，他不得不在這兩者之間進行選擇。他似乎選擇了前者，因為他要想方設法在可怕的冰川時期生存下來。這樣的冰川期共有四次，差點兒消滅掉地球上的所有人。就這樣，幾千幾萬年過去了。祇有具備最聰明頭腦的人，才生存了下來。他們必須日夜與寒冷、饑餓鬥爭，他們被迫發明了工具。他們學會了如何把石頭磨成斧子，如何做錘子。他們不得不儲備大量的食物，以應付漫長的冬日。他們發現黏土可以做成碗、罐，然後在陽光下

曬硬。就這樣，冰川期本來差點兒毀滅人類，卻成了人類的最偉大的老師，迫使人類使用自己的頭腦。（《人類的故事》）

事實上，經歷過危難的人類具有了比以往更為頑強的生命力，他們具有超過所有其他物種的聰明才智，這便成為他們征服外在自然的制勝法寶，進而減少了人類亡種的危險：

然後來了冰川和好多個世紀的寒冷天氣，地球上的生活變得極為艱難，人類想要生存下去，必須比以前三倍地用腦。但是，「生存的欲望」曾經是（現在也是）阻止所有生物都直奔死亡的主要動力，所以，冰河時期的人類的大腦，全速運轉了起來。這些強悍的人不僅活過了漫長的寒冷時期（許多野獸都死於這些時期），而且當地球再次變暖、變舒適時，史前人類已經學會了不少東西，讓他比自己不太聰明的鄰居們高出一截，滅種的危險就很小了（在人類居住在這個星球上的前五十萬年裡，這個危險是嚴重存在的）。（《人類的故事》）

在危難中勇於學習（下）

　　人類生存不僅需要在危難中勇於學習，而且，還需要其他品質，如強壯、勇敢和聰明。這也是人類歷史告訴我們的經驗：

　　山地人和沙漠遊牧部落之間的長期爭鬥，導致了沒完沒了的戰爭。祇有最強壯、最勇敢的，才有希望生存下來。這可以告訴我們，為什麼兩河流域養育了一個強悍的民族，他們創造了一個各方面都與埃及不相上下的文明。（《人類的故事》）

Hendrik
Willem Van Loon

203

　　缺少這些品質的民族則不免滅亡的命運，這樣的例子並不少。

　　強盛的民族如果不居安思危，就很可能被新的崛起者取代。房龍以歷史上曾經叱咤風雲的民族為例，告訴了我們這個並不難懂的道理：

　　埃及、巴比倫、亞述、腓尼基的世界存在了近三千年，「富饒谷地」的古老民族變得越來越衰落，越來越疲憊。當一個血氣方剛的新民族出現在地平線上時，這些古老民族就遭受了厄運。我們把這個新民族稱為印歐民族，

因為它不僅制服了歐洲，而且成了英屬印度地區的統治階層。（《人類的故事》）

相互依賴的人類歷史

人類歷史從一開始就是一個相互依賴的歷史，衹有彼此相互學習、相互借鑒才能共同前進。因此，讓你的鄰居快樂還意味著必須相互借鑒學習：

我們從這裡采用一點，從那裡又采用一點。我們使用這種形式一個時期，繼而放棄使用，或者據為己有。這是理所當然的，歷來如此。不管發生了什麼情況，藝術過去是，現在仍然是一種道德課的組成部分。而這種道德課，比其他東西，更為現代的世界所需——要深刻理解。重要的事實是，在現今的世界，一個人想單獨生活，是生活不下去的。那種要搞純民族的、純理性的文化的想法，是和要搞出一種完全獨立於左鄰右舍的藝術的想法一樣荒唐可笑的。（《人類的故事》）

讓你的鄰居快樂，才能很好地與周圍的人合作。實際上，人類歷史上的很多合作之所以成功，就是因為這是一種互惠互利的行為。如果沒有對他人的關心，人類的一切合作都不可能，而人類今天取得的成就就可能化為烏有。房龍在埃及的歷史上看到了這種危險：

在尼羅河谷，如果不是人人、時時、事事的通力協作，什麼也幹不成。修建灌溉水庫不是一個人的事。一個人飲水澆地，這裡澆幾畝，那裡澆幾畝，隨心所欲，是養活不了每英里內的幾百口人的（這是河谷地區的人口密度，自古以來變化不大）。為了養活居住在不到十英里寬的狹窄河谷的芸芸眾生，大家祇能一條心。最初這是為了保存自己，既然這樣做行得通，已經奏效，大家就接受這種做法。埃及幾千年作為一個獨立國家存在，始終接受這種做法，從未間斷。（《人類的故事》）

打消我們不可一世的驕傲

人類今天的進步也許是史無前例的。但是在漫長的歷史長河中，這種進步無論如何也不值得過分驕傲，因為，在變幻莫測的歷史中，任何偉大的文明都有被毀滅的危險。關鍵是，人類歷史一直向沒有盡頭的未來延伸，再過一百年，乃至一千年，我們今天的成就又算得了什麼呢？因此，今天的人沒有驕傲的理由。房龍以他歷史學家的眼光，提醒我們，要以後代的眼光看我們自己，這樣才能打消現代人不可一世的驕傲。

事實上，我們不僅不現代，而且在很多方面，我們仍然非常古老，甚至野蠻。戰爭在今天仍沒結束，是一個最為明顯的表徵。而犯罪橫行、腐化墮落成風，則告訴我們，今天即便比過去要文明，但仍然有很長的路要走。房龍對此非常明瞭：

我們這些現代人類，其實一點也不「現代」。相反，我們仍屬於最後幾代穴居人。新時代的基礎祇是在不久前才奠定。人類鼓起勇氣，質疑一切，讓「知識與理解」成為建立一個更合理、更理性的人類社會的基礎，這時，人類才獲得了第一次成為真正文明人的機會。世界大戰是這一新世界的「成長之痛」。（《人類的故事》）

所以，人類需要重新發現自己的目標，需要能確定自己新的方向的優秀的人：

　　世界急需能擔當新領袖地位的人——這些人有自己的遠見，因而有勇氣；他們清楚地意識到我們的航行剛剛開始，必須學習一套嶄新的航海術。（《人類的故事》）

人類是弱小的

　　人類的有限性不僅在於時間的無限，還在於在強大自然界面前的無能為力。房龍奉勸人們，要保持一個對待世界的藝術態度：

　　人類即使在他們最了不起的時刻，比起自然界，也是弱小的，能力有限的。自然界與人類接觸是通過萬物，人類則以對萬物作出反應表白自己。這種反應——表白——就是所謂的藝術。（《人類的故事》）

靈活對待傳統

傳統塑造了我們，我們也在改造傳統。不尊重傳統是虛無主義的表現，拘泥於傳統，又可能犯原教旨主義錯誤。如何根據今天的需要改造傳統，是所有古老文明必須面臨的局面。房龍以埃及為例，告訴我們必須靈活地對待傳統這一道理：

埃及人不尋常的成功的主要原因在於尊重傳統。大多數的古老民族，不論是過去還是現在，都尊重傳統，並深受其影響。但是，沒有一個民族，像埃及民族那樣，完全按既定法規和先輩風範辦事，並完全受這些東西所左右。（《人類的藝術》）

時間是歷史的判詞

誰能對歷史作最後的判斷？答案祇有一個：時間。確實，很多獲得一時榮耀的事物，最終失去了它們的光輝。很多身前默默無聞的人，身後卻獲得舉世的讚譽。這些，都是時間的作為，祇有時間才能作出最後的歷史判詞。房龍對此深信不疑：

時間從我朋友的拍紙簿上，比我從博物館精心保存的垃圾箱裡撿來的廢物，更能看到有意思的、不摹寫自然景物的抽象繪畫。我也從一些著名的瘋人院裡的瘋子不時寫給我的信中，看到這些東西。這一切要經過時間的檢驗，祇有時間才能作出正確的判斷。在歷史上的過渡時期，經常發生這類走極端的怪事。隨著時間的推移，問題自然會解決。時間將以冷酷無情的辦法解決這些問題。五十年後，我們將能很清楚地知道，到底我們頭腦發昏的同代人的這些神秘的作品，是浪費時間呢，還是我這個人，像那些反對巴赫的人一樣，做了蠢事。他們反對巴赫，因為他的音樂表現手法對他們來說太委婉細膩了。（《人類的藝術》）

Hendrik Willem Van Loon

ㄥㄥㄥ

不過，時間不是盲目的，它以人類前進的方向為目

標，以人類的美好為動力。房龍寫道：

不論我們是向上，還是向下移動，我們總是向前移動。這點是至關重要的。有了這種信心，再加上我們保持船隻平穩的能力，我們就能勇敢地駛向最後的理想之國——到達反映生活的歡樂之美的那個世界。（《人類的藝術》）

Hendrik
Willem Van Loon

盛世的危機

　　一個國家的強盛不在於社會財富的積纍有多豐富，也不在於國家在國際上的地位如何，而在於國民的精神風貌和對國家的信心如何。再富裕的國家，如果沒有意氣風發的國民，都可能潛藏著至深的危機。

　　房龍對歷史的這一特徵很有興趣，為此他專門研究了荷蘭共和國的衰亡歷史。他認為首先是荷蘭公民意識的消退：

　　許多別的生意（事實上它差不多就是一家摻和一點政治觀點的大商號），它靠過去的聲譽生存，正當他們需要認清自己事業的真實境況時，卻滿足於無所事事的安逸生活，把精力都花在打發時間上面。（《荷蘭共和國的衰亡》）

　　然後是循序漸進的衰敗，甚至人們連衰敗的跡象也沒有意識到。最後，當早已潛隱但必然到來的衰敗出現時，人們顯得非常驚訝：

　　繁榮逐漸和非常緩慢地衰退，部分是由於經濟形勢的變化，而更多的卻是由人們角色的變化引起的。我們心裡

應該明白，這種事情不可能突然發生。它是一個為期幾十年的非常緩慢的過程，讓人難以察覺。祇有在一個特定的事例中，我們才能看到突如其來的變化。不幸的是這個意外的衰退發生在最有害的方面，它造成了作為歐洲先進國家之一的共和國威望的極大損害。（《荷蘭共和國的衰亡》）

Hendrik
Willem Van Loon

國家危機在於國民危機

　　總的來說，一個國家的危機在於國民的危機，因此提高國民素質和公民意識，在當前這個時代非常重要。房龍充滿信心地寫道：

　　然而代價是可怕的。既沒有人也沒有錢，個人的進取心也喪失殆盡，沒有絲毫的公益精神。在哥薩克人和普魯士人解放他們之前，祇有幾個家族和不多的一些人發動了從法國人的奴役中拯救尼德蘭的革命。大多數人完全是淡漠的。尼德蘭的生活變得完全沉溺於冥思苦想。荷蘭人變得害怕生活，他們更喜歡隱退到自己家裡，在思考前輩的過去和自己靈魂的將來中為內心的痛苦尋找安慰。任何種類的變革都不受歡迎。他們對鐵路抱著懷疑的態度，因為運河的航運已經滿足了他們所有低層次的需要。保守固執的高墙將國家圍繞起來，不讓任何外來的影響進入。就這樣幾乎經歷了兩代人之後，才發生了引人注目的改革。在冷清的街道重新擠滿了有勇氣接受生活的人們之前，已整整過去了五十年。他們終於找回了生活，以平常的心態看待它，不再像先前國家陷入貧困之時自負的中產階級那樣故作莊重。（《荷蘭共和國的衰亡》）

醜化與美化皆是誤解

相互理解一直以來都是人類的一個夢想。但是，誤解卻是人類歷史更為久遠的常態。人們往往站在自己的立場，以自己的觀點來評判他人的生活方式和生活選擇。如果這樣，他人的生活方式和生活選擇在自己的文化背景和民俗傳統中的合理性就被我們忽視了。歐洲人最初與那些原始部族的交流就是以誤解及由誤解帶來的戰爭和殺戮開始的。房龍專門研究了這一段歷史：

我們的祖先為了進行方便的劫掠，開始跟他們樂於稱之為「野蠻人」或「野人」的人類打交道。

這次會面並非令人愉悅。

這些可憐的未開化的人們，誤解了白人們的企圖，投出無數長矛和弓箭，來歡迎他們。

來者用短槍報復。

自此以後，平靜、無偏見的思想交流幾無可能。

野蠻人一概被描繪成骯髒、懶惰、遊手好閒的人，他們崇拜鱷魚、死樹，他們受苦受難是活該。（《人類的解放》）

誤解不一定是醜化，無窮無盡的美化同樣也無助於相

互之間的理解。繼對原始部族的醜化之後，歐洲又迎來了對原始部族無限美化的態度，但這同樣也是對原始部族的醜化，其目的是對文明人的墮落進行抨擊，這同樣也無助於文明的進步。房龍對這種態度也非常警惕：

　　無知的野蠻人是他們最鍾愛的話題之一。在他們的筆下（儘管他們從未見過一個野蠻人），野蠻人成了環境的不幸犧牲品，是人類種種美德的真正代表——這些美德已經被三千年墮落的文明制度剝奪殆盡。（《人類的解放》）

相互合作是人類得以生存的原因

在整個自然界，人類非常的渺小。在體力上，他很弱小；就技巧來說，他缺乏很多動物所獨有的技巧。他不能像鳥類在天空中自由翱翔以躲避災禍，也不能像魚類在水中棲身，他祇能憑自己並不靈活的腿腳和手臂艱難地求生。面對變化無常的世界，人祇能在恐懼中將自己求生的希望寄託於偶然，因此，人生來的枷鎖就令人類的處境非常艱險。房龍以人類學的資料向人們證明了這一點：

人們至今仍然認為，原始社會非常簡單，原始語言祇是幾聲簡單的嘟噥，原始人類擁有一定程度的自由，祇是在世界變得「複雜」之後，自由才最終喪失。

最近五十年來，置身於中非、極地、波利尼西亞土著居民中間的探險家、傳教士和醫生所做的研究表明，事實恰恰相反。原始社會非常複雜。原始語言的詞形、時態、變格，比俄語、阿拉伯語還要複雜。原始人不光是現時的奴隸，也是過去和未來的奴隸。簡言之，他們是悲慘絕望的生靈，在焦慮中生活，在恐懼中死去。（《人類的解放》）

在如此艱險的處境中，真正的奇跡是人類居然不斷發

展壯大，成為了整個世界的統治者。在自然界如此渺小的存在，居然在不長的時間內就成為了世界的主宰，這多麼令人感到不可理解。房龍告訴人們，互助合作是人類得以生存的真正原因——人類真正的優勢在於彼此間的互助合作：

　　我讀過不少關於各種奇跡的書。

　　但有一種奇跡卻漏掉了：人類得以幸存的奇跡。

　　這種防衛能力最差的哺乳動物，是以何種方式方法，能在與細菌、乳齒象、冰霜、炎熱的對抗中保存自我，並最終成為萬物之主？

　　不管怎樣，有一點是確定的。他不可能單憑個人的力量完成這一切。

　　為了成功，他不得不將自己的個性隱埋於部落的複合特性之中。

　　原始社會被一個信念所統領，那就是超越一切的求生渴望。

　　求生十分艱難。

　　其結果是，所有其他考慮都得服從於一個最高律令——生存。（《人類的解放》）

深入到精神信仰才能理解對方（上）

如何相互理解？

祇有虛心才能理解對方。但是，怎樣才算真正理解了對方呢？

理解具有深淺不一的分別，有的是表面的理解——這祇是一種好奇的觀望，有的則是深入內心的明了——這才是融入一體的理解。表面的理解可能帶來更為嚴重的誤解，造成比不理解更大的災害，因為，不理解至少能保持一種敬畏，但自以為是的「表面理解」則可能讓自負的人們不去傾聽對方更內在的呼聲，反而對之加以嘲弄。

房龍通過對原始部族的研究告訴我們，祇有深入到精神信仰的理解才算真正的理解。

房龍說，原始人與現代人的真正差別在於世界觀和精神信仰的不同：

他（野蠻人）不會把毒漆藤和皮疹聯繫在一起。在他生活的世界裡，過去、現在和將來混亂地交織在一起。他那些死去的首領都成了神，他死去的鄰居變成了精靈。他們仍是氏族的「隱身」成員，跟隨著每一個人，不管他去哪兒。那些魂靈和他吃住在一起，為他守門放哨。他考慮的是該與他們保持一定距離呢，還是去贏得他們的友誼。

稍有不慎，他就會馬上遭到懲罰。因為他不知道怎樣才能在任何時候討所有魂靈歡心，他就一直擔心諸神的報復總有一天會降臨到頭上。

因此，他把任何一個不尋常的事件不是歸結於初始原因，而是歸結於「隱身」魂靈的降罪。當他看見自己的胳膊上出現皮疹時，他不是說：「該死的毒藤！」而是嘟嚷：「我得罪了一位神，他懲罰我了。」然後他就去找巫師，不是去要解毒的膏藥，而是為得到一張「符咒」，它要比惱怒的神（不是毒藤）降於他身上的符咒威力更大。

而對於那棵引發他痛苦的毒漆藤，他還讓它好好地長在那裡。要是碰巧一個白人帶來一聽煤油，燒掉了這棵樹，他將責罵白人惹是生非。（《人類的解放》）

Hendrik Willem Van Loon

不同的精神信仰會形成不同的社會結構，原始人的精神信仰使他們衹能踐行祖先傳下來的律令和禁忌。衹有這樣他們才能維持部族的和平：

一個社會如果將發生的一切都歸因於「隱身」魂靈的直接干涉，那麼，很自然地，這個社會能否持續生存下去，完全依賴於人們是否恪守律令，這些律令是用來平息諸神的怒火的。

就「野蠻人」看來，這樣一種律令確實存在。他的祖先創設了律令，並傳授給了他。他最神聖的職責就是保持律令不受侵害，並將它完整地傳授給自己的下一代。（《人類的解放》）

Hendrik
Willem Van Loon

深入到精神信仰才能理解對方（下）

正因為如此，我們就不能以現代人的眼光來評判原始人的生存狀況，不能以現代社會所公認的那些標準來要求原始部族，正如我們不能以自己的喜好和價值評判標準來對待我們社會中的其他人。比如，「進步」這一價值觀念已經為大多數現代人所接受，但很多具有宗教信仰的現代人就不一定同意這一價值觀念，更不用說原始部族了。房龍對這一觀念的普適性進行了反省：

……但「進步」這個詞是近年來才流行的。在低級社會形態中，非常典型的是，人們不認為有必要改進最好的（在他們看來）現狀，因為他們不知道還有別樣的世界。

假設這一切都是真的，那麼怎樣才能防止律法和現存社會形態的變更呢？

答案很簡單。

那就是，對那些拒絕把公共安全條例視為神意表現的人，立即予以懲罰。簡單點說，就是依靠僵化的「不寬容」制度。（《人類的解放》）

因此，原始人依靠「不寬容」的制度實現了他們部族社會秩序的和平和安定。我們需要理解他們之所以不寬容

的深層原因，才能不以「進步」與否的觀念來衡量他們的
生存狀況：

　　如果我在這裡說，野蠻人是人類中最不寬容的，那我
並無意侮辱他們。因為我立即要加上一條，在他生存的那
種條件下，他必須不寬容才行。假如他允許別人干涉他的
一千零一條戒律——部落的持久安全、人們的内心平靜，
都有賴於這些戒律——那麼，部落的生活就會陷入混亂，
那才是最大的罪過。（《人類的解放》）

禁忌與寬容

禁忌的維持並非都是自願的，在原始社會中，有一個社會階層專門為維持禁忌而存在，他們就是——祭司。祭司作為原始社會中的長者，以他們的資歷作為社會中的權威者，維持著社會的穩定和「禁忌」。正是因為他們是以權威而不是以自願認同為服從的根據，在他們那裡，寬容了無蹤跡：

禁忌是祭司發明的，還是為了維護禁忌而造就了祭司階層，這個問題至今還沒有搞清楚。考慮到傳統要比宗教更古老，似乎禁忌也要遠遠先於巫師或巫醫而出現。但後者一旦登臺亮相，就成了「禁忌」的堅定支持者。他們把「禁忌」運用得如此純熟，以至於史前的禁忌，就像現代寫著「禁忌」字樣的標志牌。

當我們第一次聽說巴比倫或埃及的時候，這些國家還正處於「禁忌」大行其道的時期。這些禁忌，不像後來在新西蘭發現的粗陋、原始的「禁忌」，而是莊重地變成了否定式的行為準則，以「汝不可」的形式出現。這種形式我們很熟悉，因為摩西「十誡」中有六條都是「汝不可」的形式。

不用多說，在這些地方的早期社會中，寬容的理念無

人知曉。

　　有時，我們誤以為是「寬容」，實際上卻是因他們無知而導致的漠不關心。

　　行使「行動或判斷的自由」，或者「對有別於自己或被普遍接受的觀點耐心、不帶任何偏見的容忍」，這已成為現代社會的理想。但在那些國王或祭司身上，我們沒有發現一絲這樣的傾向（不管多麼模糊）。（《人類的解放》）

*Hendrik
Willem Van Loon*

人類文明自寬容始

人類在這個世界上生存了上百萬年，但真正進入文明的歷史卻非常短。就中國歷史而言，人們最熟悉的是五千年文明史。但是，這五千年充滿血腥和殺戮的歷史很難稱為文明史。在房龍看來，真正的人類文明史開始於古希臘，因為從那裡最先產生寬容的社會體制和政治制度，也祇有寬容的文明才能創造出輝煌的歷史。在古希臘人開始創造發明的時候，其他處於野蠻和殺戮的民族還生活於恐懼之中呢！

在古希臘，每個人都可以以自己的方式來追求幸福，沒有誰能够強迫他，沒有定於一尊的權威。儘管有掌握命運的天神，但天神都是非常擬人化的，具有濃厚的世俗性，也沒有確定不移的宗教標準和生活方式。每個人都是自由的，而且不會因為自己的自由而受到別人的譴責和社會制度的懲罰。在房龍看來，這才是真正的寬容，也祇有這樣，人類的文明史才建立在堅實的地基上：

最崇高的天神，可能本不應該這樣。但這種觀念也具備十分明顯的優勢。在古希臘，對於什麼是真理，什麼是謬誤，從來沒有一種僵化、牢固的標準。沒有現代意義上的「信條」，沒有僵化的教條，也沒有什麼職業教士階層

借助世俗的絞刑架來推行這些教條。因此，國家每個角落的居民，都可以按照自己的個人口味，改變自己的宗教信仰和道德信念。（《人類的解放》）

哲人的風範

人類文明首先是由一群哲人創造的。經過細緻的研究，人們發現我們今天生活所依靠的思想文化資源是由公元前500年左右的歷史所奠定的。今天我們仍然生活在那時的哲人所創造的基本思想文化觀念中。德國哲學家雅斯貝爾斯稱那個奠定人類基礎的時代為「軸心時代」。可見，真正的哲人是為人類文明奠定基礎的人。

但事實上，哲人並不神秘，他們也是普通人，房龍以古希臘哲學之父泰勒斯為例，以幽默的筆調告訴我們，哲人也是一個平凡的人：

在這樣一種知識自由和精神自由的氛圍中，在一個彌漫著來自四面八方的船隻發出的刺鼻氣味，充斥著來自東方的紡織品，洋溢著酒足飯飽的人們心滿意足的笑聲的城市裡，泰勒斯出生了。他在此工作、教學，最後死於這座城市。如果他得出的結論迥然不同於大多數鄰居們的觀點，那麼請記住，他的思想僅限於在一個特定的圈子裡傳播。普通的米利都人可能聽說過泰勒斯的名字，就像普通的紐約人聽說過愛因斯坦的名字一樣。你要問一個紐約人愛因斯坦是誰，他會告訴你，愛因斯坦是個留著長髮、叼著菸斗、會拉小提琴的家伙，寫過關於一個男人走過一列

火車的文章。一份星期口報紙曾發表過一篇有關上述情況的文章。（《人類的解放》）

而且，對於同時代的人，哲學家的研究成果並不能影響普通民眾的生活，就像科學家抽象的結論與一般民眾的生活無關一樣。不過我們必須明確，哲學家的意義僅止於此。房龍說道：

這個喜歡叼菸斗、拉小提琴的怪人掌握了一絲真理的火花，並最終推翻（或至少大大改變）了近六千年來的所謂科學結論。對此，千百萬優哉遊哉的市民毫不關心。祇有當他們喜愛的擊球手想要推翻引力定律時，他們才會對數學產生那麼一點點興趣。

泰勒斯達到了這樣一個境界（這正是其偉大所在）：他敢於認為，所有自然現象都是一個永恒意志的表現，受一條永恒法則的支配，完全不受人們按自身形象創造的神祇之意願的影響。他覺得，即使那天下午祇有以弗所大街上的狗咬架或是哈利卡納蘇斯的一場婚禮，此外就沒有更重要的事發生，那麼日食也照樣會出現。（《人類的解放》）

切忌「為了智慧而智慧」

　　哲學家到底憑什麼區別於一般民眾呢？那些流傳千古的哲人憑什麼就流傳千古且被歷代人所崇敬？而普通民眾卻祇能淹沒在無盡的時光中呢？然而，哲學家也不得不陷入跟平凡人同樣的世俗生活中：

　　遺憾的是，我們沒有泰勒斯親筆留下的任何文字。可能他曾把自己的思想用文字做了記錄（因為希臘人已經從腓尼基人那裡學到了字母表），但他寫的東西沒有一頁流傳下來。我們從時人書中的隻言片語裡，才瞭解到他本人及他的思想。通過這些記錄我們知道，泰勒斯以經商為生，與地中海周圍各地有著廣泛的聯繫。順便說一句，早期的哲學家大抵如此。他們是「熱愛智慧的人」，但他們沒有忽視這一事實，即生活的秘密祇能從生活中發現，「為智慧而智慧」就像「為藝術而藝術」、「為食物而晚餐」一樣危險。（《人類的解放》）

哲人的幸福

房龍認為，哲人儘管有跟普通人一樣的世俗需要，但這些人卻並不以這些事物為自身目的，他們的目的是研究自然和宇宙的本性，也研究人類自身的本性。

對他們來說，具有特殊品性的人類，不管他是好是壞，或是一般，都是衡量萬物的最高尺度。因此，他們利用空閒時間來潛心研究人類這一特殊生靈的本來面目，而不是他們自己設想的人類應該是什麼樣的。（《人類的解放》）

在哲人看來，這才是真正的幸福。祇有認清人類乃至自然的本性，才能獲得內心的平靜，而不被外在世界的紛擾所牽累，也不因變化無常的自然而感到恐懼：

但他們通過自身的表率作用向世人表明：對自然力的真正理解，將最終給人帶來內心的安寧，而這正是幸福之所繫。以這種方式，他們贏得了大眾的好感，也獲得了進行研究、探索、調查的充分自由，甚至被允許進入某些領域——一般被認為是神的專有領域。作為堅持這一信條的先驅者之一，泰勒斯獻出了自己的畢生精力。（《人類的

解放》）

同時，哲人對人們所接受的那些理所當然的教條提出質疑，對那些看似正確但經不起推敲的權威提出挑戰。哲人如此行為就不得不承擔危險，因此，哲人能量的發散需要有一個寬容的環境。房龍以泰勒斯為例說明了這一點：

他對希臘人心中的完整世界進行了拆解，對每一小片都進行了認真檢視，對各種自古以來被認為天經地義的真理提出了公開質疑。儘管如此，他還是被允許在自己的卧榻上安詳死去。也許曾有人要求他必須為自己的異端邪說承擔罪責，但我們沒見過這方面的記錄。（《人類的解放》）

233

蘇格拉底的內心（上）

　　德國哲人伊曼努爾‧康德（1724—1804）給自己留下了一句著名的墓誌銘：「有兩種東西，我們愈是反復地加以思索，它們就愈給人心灌輸時時在翻新、有加無已的讚嘆和敬畏：頭上的星空和內心的道德法則。」

　　的確如此，每個人都要面對外在自然界令人好奇的無常狀況，同時傾聽自己內心良知的呼喚。但是，這兩者時常會出現矛盾。特別是在專業化分工已非常發達的今天，甚至沒有人能夠同時履行這兩種要求。這就需要我們做出抉擇。

　　房龍給了我們一個古代哲人的例子，這個哲人以他的方式做出了抉擇。對這個哲人的生平我們祇知道這麼多：

　　對蘇格拉底而言，他生活在這樣一個時代，那時的大眾，仍然堅信著眾多神靈的存在，而蘇格拉底把自己說成是惟一天神的代言人。儘管雅典人可能不很清楚他所謂的「神靈」（受神的啟示發自內心深處的一種聲音，告訴他如何說、如何做）的真正含義，但人們都很清楚，他對大多數鄰居虔誠信仰的神祇持非正統的態度，對已有的習俗毫不尊敬。最後，是政治殺害了這位老者，而他的神學觀點與審判結果幾乎無關（儘管為了取悅大眾而把神學問題

扯進來）。

　　蘇格拉底的敵人與他的朋友一樣多。在好幾十年的時間裡，作為一名口頭「評論家」，一個十分睿智的好事者，他的嗜好就是，揭露那些自認為是雅典社會中流砥柱的偽善者和知識騙子。其結果是，誰都認識他。他的名字在希臘東部家喻戶曉。他早晨說了什麼打趣的話，晚上整個城邦就傳遍了。他還被寫進了劇本。當他最終被捕入獄時，整個阿提拉半島沒有一個人不熟知他一生中的所有細節。（《人類的解放》）

蘇格拉底的內心（中）

出生窮困的蘇格拉底因為自己的觀點為權勢者所不容，最終被判死刑，不得善終，但他的一生是以後幾乎所有哲人都向往的楷模。因為他向往一種關注內心的生活，或者說，一種關注靈魂的科學：

蘇格拉底是石匠兒子。他父親孩子很多，財產極少。蘇格拉底小時候沒有錢接受正規的學院教育，因為大多數哲學家都是很功利的家伙，教一門課程要收兩千塊錢。此外，對蘇格拉底來說，追求純粹的學問，研究無用的科學現象，簡直就是浪費時間和精力。假如一個人要培植自己的良知，使自己富於理性，根本不需要幾何知識就能做到。瞭解彗星和行星的運行規律，並不是拯救靈魂的必要因素。（《人類的解放》）

最終，這個智者為他的觀點受到了懲罰，成為人類歷史上第一個為自己的思想獻身的人。他永無止境的追問精神成為西方文明和歷史發展最為核心的精神，也是現代科學、倫理學產生的根本原因。

那麼，這位關注自己內心的智者關注的是一個什麼樣的問題呢？蘇格拉底流傳最廣的一句話可以作為這一問題

的答案：「未經反思的人生是不值得過的。」也就是說，蘇格拉底追問的是人生的價值與意義。看到芸芸眾生將自己的人生浪費在一些瑣事上，蘇格拉底對他們的生活進行了徹底的質詢：

在他一生中（當他被處死時，已年過七旬），蘇格拉底試圖使他的鄰人明白：他們正在浪費自己的機遇，他們過的是空洞淺薄的生活，他們把太多的時間花在無聊的快樂、徒有虛名的勝利上，幾乎完全浪費了一個偉大、神秘的天神賜予他們的神聖天賦，把它們用在短暫易逝的虛榮和自我滿足上。他堅信人類的崇高使命，突破了所有舊哲學的藩籬，比普羅泰哥拉（公元前五世紀希臘哲學家）走得更遠。針對普羅泰哥拉傳授的「人是萬物的尺度」，蘇格拉底提出「人的無形的良知是（或應該是）萬物的最高尺度，決定我們命運的是我們自己，而不是諸神。」（《人類的解放》）

這種質詢的確道出了民眾生活中的某種真相，因此對於那些權勢者來說，這就威脅到了他們的統治，儘管對於民眾來說，這些都是至理名言。

蘇格拉底號召一種寬容的生活態度和政治體制，在這

種制度中，每個人的自由是其他人自由的前提和條件。

　　蘇格拉底說：「世界上沒有一個人，有權告訴他人應該信仰什麼，也無權剝奪別人自由思考的權利。」他還說：「假如一個人不違背自己的良知，他可以做任何事，哪怕沒有朋友的支持，哪怕身無分文，哪怕沒有家庭或住所。但不對每個問題正反兩方面意見進行徹底研究，就不可能得出正確結論。因此，必須給人們提供機會，使其能夠充分自由、不受權威干涉地討論所有問題。」（《人類的解放》）

蘇格拉底的内心（下）

蘇格拉底之所以被今天的人們紀念，還因為他以一種明智的態度面對死亡。面對政敵的誣陷，面對法庭不公平的判決，蘇格拉底選擇了承擔。事實上，祇要他願意，他是有機會逃離「死刑」這個不公平的懲罰的。房龍用非常精彩的語言把蘇格拉底所面對的困窘及他面對這一局面時的坦然態度刻畫得惟妙惟肖：

他們建議，祇要蘇格拉底摒除自己可怕的惡習，不再繼續爭執、辯論、爭吵和道德說教，簡言之，祇要他不再干涉鄰居們的一點偏見，不再用無休止的追問打攪他們，他就可以被饒恕。

但蘇格拉底不為所動。

「沒有任何方法可以阻止我，」他說，「祇要我的良心，我内心深處那個微弱的聲音命令我前行，去告訴人們通往理性的正確道路，我就會拉住我遇見的每一個人，說出我内心的想法，不計任何後果。」

這樣一來，除了將這個囚犯處死以外，別無他法。

法庭判決將在三十天後執行。每年到提洛島（希臘愛琴海上的一座島嶼）去朝觀的聖船尚未返航。雅典法律規定，在聖船返回之前，不得行刑。在整整一個月的時間裡，這個

老者安詳地呆在牢房裡，試圖改進自己的邏輯體系。他不止一次地有機會逃生，但他拒絕了。他不虛此生，已經完成了自己的使命。他太累了，已經做好離開塵世的打算。直到執行死刑之前，他仍在與他的朋友討論，想把自己一貫堅持的正確、可靠的知識傳授給他們，請求他們將心思放在人的精神方面，而不要花在物質世界上。

然後，他飲下一大杯毒藥，平躺在牀榻上，長眠不醒，為自己的爭論劃上了句號。（《人類的解放》）

蘇格拉底作為一個獻身於思想的人不見容於墮落的社會，令他的很多具有思想激情的學生無法理解，他們有人甚至短暫地放棄了對思想的熱愛，但最終還是為蘇格拉底的精神所感動，重新恢復了對老師志業的忠誠：

此後的一個較短的時期內，他的弟子們被俗眾的怒氣所震懾，覺得拋卻一切的活動領域才是明智之舉。但當一切都安然無恙時，他們又回來了，重操舊業，仍然做公眾的老師。在蘇格拉底死後的十來年裡，他的思想比以前更為人們所熟知。（《人類的解放》）

智慧是真正的力量

什麼是真正的力量？

今天我們知道，科學技術的發展成為人類力量的源泉，它們仰靠於人類的智慧。

但是，並不是所有人都懂這一道理。的確，很多時候我們看到暴力居於主導地位，智慧斯文掃地，那些蠻族人憑借暴力戰勝文明民族的事情不可勝數。而真正取得最後勝利的往往是那些具有智慧的民族。房龍以雅典和斯巴達的例子證明了這一觀點：

城邦此時正經歷著十分困難的時期。爭奪希臘半島領導權的戰爭已經結束五年了，以雅典人的失敗、斯巴達的全面勝利而告終。這是體力對腦力的大獲全勝。毫無疑問，這持續不了多長時間。那些沒有留下一行值得銘記的字句，沒有對人類知識寶庫貢獻過一點思想的斯巴達人（除了一些戰術至今還保留於現代足球比賽中），以為對手雅典人的城牆已坍塌，艦隊祇剩下十來條船隻，他們就算大功告成了。但雅典人的思想卻一點也沒有失去其智慧的光芒。伯羅奔尼撒戰爭（雅典與斯巴達之間的戰爭，該戰爭結束了希臘的民主時代）結束後十年，歷史悠久的比雷埃夫斯港（希臘港口。蘇格拉底曾在此處參加向女神的獻祭）又擠滿了來自世

界各地的船隻，雅典的海軍將領再一次統率希臘海軍南征北戰。（《人類的解放》）

幸福的相對性

　　每個人都在追求自己的幸福，但是不同人的幸福感受卻異常不同。任何人都不是獨立的人，都以一定的文化背景為依託，因此，他的幸福感也與這一文化背景有非常深厚的關聯。比如，房龍認為，羅馬人的幸福感就是非常獨特的，它與其他民族完全不同：

　　如果我們承認，純潔的良心、簡樸誠實的生活，加之健康的體魄、適足的收入，是大眾的幸福和滿足之最好保障的話，那麼他們（羅馬人）的生存哲學是很有成就的。他們對靈魂何去何從興趣不大。他們接受了這樣一個事實，即他們是一種特殊的哺乳動物，因為可以運用智力而高踞於地球上其他爬行生物之上。如果說他們經常提到諸神，那麼他們使用這個詞就像我們今天使用原子、電子、乙醚等詞彙一樣。（《人類的解放》）

　　即使在同一文化背景中，何為幸福的問題也很難得到解決。那些為理想而奮鬥的人——如蘇格拉底，是幸福的；那些接受既定現實，安排好社會的世俗秩序的人——如柏拉圖，也可能是幸福的。因此，幸福感無法普遍化，它總與一定的時機有關。房龍對此瞭然於心：

例如，從基督教意義上來說，柏拉圖根本算不上「虔誠」的人。他對先輩們信奉的諸神不屑一顧，把他們當做從遙遠的馬其頓來的鄉巴佬。他對史載的特洛伊戰爭中諸神所表現的醜行深以為恥。但當他上了年紀，靜坐在自己的小橄欖園裡，被他故土各個小城邦愚蠢的爭吵搞得怒火中燒，目睹原有的民主理想破滅的時候，他逐漸相信，某種形式的宗教對普通市民來說是必要的。不然的話，他夢想中的理想國很快就會陷入極度混亂的無政府狀態。他因而堅持，他的模範政體中的立法機構，應該制定針對全體公民的行為守則，並強制所有自由人和奴隸遵守，否則就會遭受死亡、放逐、監禁之苦。這聽起來似乎完全背離了寬容、良心、自由的寬大精神（蘇格拉底不久前還為了這些英勇奮戰）。這正是柏拉圖的用意所在。

（《人類的解放》）

文明的沒落在於智慧的沒落

德國哲學家斯賓格勒在其名著《西方的沒落》中認為，人類社會每一個文明都會經歷生長、成熟、沒落等不同階段。

但是文明沒落的原因在哪裡？人們似乎還沒有更深的追問。

在房龍看來，文明真正沒落的原因在於智慧的沒落。一個文明哪怕政治、經濟、軍事能力再強，如果沒有強有力的智慧作支撐，甚至敵視智慧創新，那就不可避免地走向沒落。雅典的沒落正是如此，房龍對此進行了非常生動的描畫：

令人驚異的是，雅典人一點也不贊成在城內增加學院的數目。雅典城最終開始失去其在商業上的重要地位，她的那些更有活力的公民都移居亞利山大港、馬賽以及其他一些南部、西部的城市，留下的淨是些因為太窮或太懶散而無法逃離的人。他們是以前自由民中的暴民裡墨守成規的殘餘分子。他們既是災難深重的共和國的光榮，也是共和國的不幸。他們原本就對柏拉圖學園中的「勾當」不抱什麼好感。柏拉圖去世十來年之後，他最著名的門徒又回到這裡，公然講授關於世界起源和神力有限等更大膽的學

説。此時，這些頑固不化的老家伙們神情嚴肅地搖著頭，嘴裡不停地嘟噥著惡語，咒罵這個使他們的城市成為自由思想和不信神的代名詞的人。（《人類的解放》）

善待他人是強盛的根源

一個國家要保持強盛需要諸多條件，如政治的開明、經濟的發達、文化的昌盛等。但最為根本的條件是什麼呢？房龍通過對世界歷史的研究得出結論：善待他人是強盛的根源。祇有善待他人才能做到讓他人真心擁護，祇有善待他人才能保持自身的和平和安寧。房龍以羅馬帝國的強盛為例說明了這一淺顯但並不是人人都懂的道理：

羅馬人將工作做得特別徹底。他們建立的行政架構，以各種形式一直延續至今，這本身就是個不平凡的成就。祇要繳納必要的稅賦，外加表面上對羅馬主人立下的為數不多的行為準則表示尊重，那些被征服的部族就可以享有非常大的自由度。信或不信什麼，都各隨己願。他們可以敬拜一個神、十多個神，或一整座廟的各路神仙，這都無關緊要。但不管他們信奉什麼，這個世界性帝國的魚龍混雜的成員們都被反復提醒：「羅馬的和平」之所以成功，是仰仗於普遍實踐了這樣一個原則——「自己活，也讓別人活」。在任何情況下，他們都不得干涉自己的鄰人或同一個城市中陌生人的生活。如果他們認為自己的神靈受到了侮辱，他們不得到行政官那裡討什麼公道。「因為，」提比略皇帝（羅馬帝國的第二位皇帝，公元14年至37年在位）在一

個重大場合發表意見說，「如果神靈認為自己確實蒙冤受屈，他們自己會解決的」。所有類似的案子，都用這幾句安慰的話應付了。人們被告知，不要把自己的個人觀點帶到法庭上。（《人類的解放》）

保持生活的度

在生活中我們必須保持生活的度，否則就可能被生活所淹沒。對大自然的征服如果過度，各種自然災害就會不斷湧現。對資源的開采如果過度，人類的可持續發展就會成為問題。對環境的破壞如果過度，人類的家園就可能成為人類的墓園。對未來過度的展望，就可能遺失衹有一次的現在。不僅如此，沒有很好地保持生活的度對於整個社會都可能是災難性的：

他們品嘗了各種口味的美酒，到過世界各地，與從巴塞羅那到底比斯的所有女人談情說愛。世上曾經寫就的所有書籍都進入了他們的圖書館，所有的精美繪畫都懸挂於他們的墙壁上。全世界最具天資的音樂家都為他們的宴席演奏助興。孩童們由最好的教授和教師輔導，能學到應該學習的一切知識。其結果是，一切美酒佳肴失去了滋味，所有書籍都顯得極度無聊，所有女人的魅力都蕩然無存。生活本身變成了一種負擔。許多人一有體面的機會，就想結束生命。

他們僅存一絲安慰，那就是對未知的、不可見的天堂的期望。（《人類的解放》）

Hendrik
Willem Van Loon

249

信仰的力量所在

對任何宗教的皈依，如果不是自願的，就很難維持很久。美國總統林肯說：「你能在一個時間裡愚弄所有的人，也能把某些人老是愚弄下去，但你不能永遠愚弄所有的人。」

的確如此，祇有真正讓人自由認同才能獲得其長久的支持。基督教產生的時候，它的真正力量就在於此，它為人們提供了他們所最需要的那些東西。房龍對這一過程進行了仔細追蹤：

基督教勝於其他宗教的，正是這種個人色彩，這使個人直接感受到親密、切近。還有，就是耶穌一直對各國沒有權利的下層人所表達的愛，這種愛從他說的一切話中都洋溢出來。他表達這種愛的方式是否像信徒們所說的那樣，這個問題並不重要。奴隸有耳朵可以聽，而且他們聽懂了。耶穌許諾給他們一個光明的未來。他們在這個許諾前顫抖著，生平第一次感受到了新希望的曙光。

終於有人說，他們可以自由了。

他們再也不是貧窮的、被蔑視的人，再也不是這個世界上大人物的眼中釘。

相反，他們成了一個慈愛父親更偏愛的孩子。

他們將擁有這個地球，以及地球上豐饒的一切。

他們將享受很多傲慢的主子們都享受不到的歡欣，即便當時，薩謨奈別墅的高牆後面，就住著這樣的主子。

這就是基督教這個新信仰的力量所在。基督教是第一個給普通人以機會的具體的宗教體系。（《人類的解放》）

房龍繼續解釋了這種信仰力量的社會原因：

當然，我這裡說的基督教，指的是一種靈魂的體驗，指的是一種生活方式和思維方式。我想努力闡明的是，在一個充滿腐敗的奴隸制世界裡，福音就像情感之火一樣，迅速形成燎原之勢。但除了極個別的例外情況，歷史是不關心民眾個體的精神體驗的，不管他們是自由人還是奴隸。祇有當這些地位卑下的人組成了明確的部族、行會、教派、軍隊、兄弟會、聯盟時，祇有當他們開始服從一個人的指揮時，祇有當他們積聚足夠的財富可以納稅、為了政府其他民族而應徵入伍時，他們才能最終進入史學家的視野，並受到密切關注。（《人類的解放》）

基督徒的以德報怨

在今天，重新回復到原始宗教的宗教精神，袪除宗教建制帶來的重重迷霧，仍然是我們推進宗教事業的重大使命。基督教原始宗教階段爆發了無法阻遏的生命力，在面對一般羅馬市民的誤解、阻擾乃至人格侮辱時，基督徒顯示了鉅大的人格力量，以一種以德報怨的寬廣心態面對橫逆的人生。房龍對此說得非常詳細：

Hendrik
Willem Van Loon

152

羅馬的無產者也不例外。幾百年來，他們已經被免費招待、免費看職業決鬥比賽給慣壞了。那些神色莊重的一群群基督教男女，全神貫注地聽著關於一個上帝的奇怪故事，這個上帝像普通罪犯一樣，不體面地死在了十字架上。要是有流氓無賴在這些人聚會時，朝他們扔石頭和泥巴，這些人反而大聲為那些流氓無賴祈禱。開始的時候，羅馬的大眾覺得這些基督徒很逗樂。（《人類的解放》）

信仰的自由

人類最根本的差異不是政治經濟的差異，甚至也不是文化的差異，而是信仰的差異。這一差異在今天仍然是一個根本問題。因為祇有信仰是最為根本的關乎每個人安身立命的重大事情，沒有信仰也是一種信仰。尼采説：「人總要信仰些什麼東西，哪怕信仰虛無。」

祇有信仰才是人安身立命的根本。但是，如何面對那些不同信仰的人呢？房龍説，寬容。那麼，寬容的基礎何在呢？古羅馬的智者昆圖斯・奧勒利烏斯・西馬楚斯曾提出了一個很好的方案，房龍對此非常欣賞：

他（西馬楚斯）這樣問道：「我們這些異教徒和我們的基督教鄰居，為什麼就不能和平共處呢？我們仰望著同一個星空，都是同一個星球上的過客，住在同一片天空下。每個人順著什麼道路到達最終真理，這有什麼要緊呢？生存之謎太大了，不可能祇有一種答案。」（《人類的解放》）

寬容所有信仰

世上的事情往往是這樣：那些思想者沒有踐行寬容的社會動員能力，他們祇能在思想中給予寬容深刻的思想基礎，而那些具有社會動員能力的人卻對此一無所知。這真是人類一個最為重大的遺憾，儘管在古羅馬動員皇帝並非不可能，但希望仍然十分渺茫：

他（原文中指哲學家西米斯提烏斯）這樣寫道：「有一個領域，是任何君主都無法行使權威的。那就是個人德行的領域，尤其是個人的宗教信仰領域。在那個領域進行強制，會導致偽善，即使改宗也是欺騙。因此，君主最好能寬容所有信仰，因為祇有通過寬容，才能避免內訌。而且，寬容是一項神聖的律法。上帝本人已經特別清楚地表示自己希望有多種不同宗教。祇有上帝能判斷，人類可以通過何種方式理解神秘。上帝喜歡人們向他表示多種敬意。他喜歡基督徒用某些儀式，希臘人用另一種儀式，埃及人又用另一些儀式。」（《人類的解放》）

生存是歷史永恒的法則

歷史最終極的推動因素是什麼？這也許是一個沒有答案的偽問題。但是，人們對這一問題的探討卻永遠沒有結束的時候。基督教宣稱，上帝是歷史的推動因素。儒家也說，聖人是歷史的終極原因。哲學家馬克思認為社會的經濟發展是歷史的終極因素。如此等等，不一而足。在房龍看來，歷史最終極的因素是生存。社會制度的建構，人類的發展都建立在生存的基礎上。房龍如是說道：

自從太古之初，有一件事似乎就是不可避免的：一小群聰明的治人者，大多數不太聰明的受治於人者。這兩組人在不同時期下的賭注，有不同名字。一方總是代表著力量、領導，另一方代表著軟弱、服從。他們曾經被稱作帝國、教會、騎士制度、君主制、民主制、奴隸制、農奴制、無產階級。但是，主宰著人類發展的神秘法則，在莫斯科和倫敦、馬德里、華盛頓都一樣適用，因為這個法則是不受時間、地點限制的。它常常在奇怪的形式或偽裝底下出現。它不止一次穿上寒酸的衣服，大聲宣稱自己熱愛人類、熱愛上帝，它的卑微願望是為最多的人帶來最大的好處。但在這樣體面的外表下，總是隱藏著而且繼續隱藏著一個原始、可怕、真實的法則。這個法則說，人的第一

Hendrik
Willem Van Loon

155

任務是活下去。有些人不願接受自己生於哺乳動物世界這個事實，對於這樣的說法會很氣憤。他們會稱我們為「功利主義者」、「憤世嫉俗者」等等。他們總是把歷史看成愉快的童話。於是，當他們發現歷史也是科學，也服從統治著宇宙其餘部分的鐵律時，他們感到震驚。他們還不如去反對平行線的規律、乘法表的結果呢。

（《人類的解放》）

真正的善良需要明智

　　善良是一個文明社會的基本品德。但是，什麼是善良呢？德國哲人康德說，善良就是善良意志，就是意願的善良。真的如此嗎？房龍不以為然。房龍告訴我們，善良的意願往往會導致最愚蠢的後果，導致令施善者所無法接受也無法承擔的後果。房龍以羅馬皇帝戴克里先為例說明了這個道理——戴克里先的目的是重整帝國的雄威，這無論如何都是一個有為君主的責任。但是，由於對帝國實際狀況的不瞭解，他遭遇了預想不到的麻煩，從而導致了一系列後果：

　　這是個好主意。但是，像任何軍事上的好主意一樣，這需要多少錢。錢應該由國人以稅收的形式來繳納。正如我們預料的那樣，人們大聲抗議，說他們要是再交一個金幣，就得破產了。皇帝回答說，他們錯了。皇帝賦予收稅官某些權力，這些權力以前祇屬於劊子手。但是沒有用。因為臣民不想一年到頭辛苦工作，最後祇落得債務滿身。他們放棄了房子、家、家人、牲畜，一群群來到城市，或是成了流浪漢。但是，皇帝殿下並不喜歡半途而廢。他下了一道法令，來解決這個難題。這條法令說明，古羅馬共和國已經墮落成了東方專制帝國了。他大筆一揮，就使所

有的政府職務、手工業、商業，都成了世襲職業。也就是說，軍官的兒子也應該是軍官，不管他喜不喜歡。面包商的兒子必須也是面包商，儘管他們可能在音樂或典當行業上更有天賦。水手的兒子即便在臺伯河上劃船都暈船，也注定要在船甲板上過一輩子。最後，按工作天數計報酬的臨時工，雖然從理論上來說仍是自由人，但實際上祇能在他們出生的土地上生存、死去，因此不過是最普通的奴隸罷了。（《人類的解放》）

最後，社會矛盾越來越尖銳，戴克里先本人在無數的殺戮與鮮血的喧鬧聲中選擇了隱居。但是由他善良的意願所帶來的傷痛可能永遠也無法彌合。房龍用這個事例告訴我們，除了有善良的意願外，真正的善良還需要明智：

基督徒祇遵循那些他們想遵循的法令和規定。要指望這樣一個對自己的能力極端自信的君主，容忍這樣一撮人長期存在，是荒謬可笑的。但是，在評判戴克里先對基督徒的殘忍時，我們必須記得他是在背水一戰。他采取的軍事措施保護了數百萬基督徒，但這些人卻拒絕分擔大家的負擔。也難怪他懷疑這些人的忠誠。

這一切導致了摩擦、誤會，誤會又導致了迫害。羅

馬監獄中再一次塞滿了基督徒囚犯。羅馬劊子手讓基督教烈士的數量再次增加。流了很多血，卻什麼用都沒有。最後，戴克里先在完全絕望之下，回到了故鄉——達爾馬第安海邊的薩羅奈。他從統治世界的事務中退隱了，一心投身於更令人興奮的消遣——在後園種大白菜。（《人類的解放》）

愛護人類自己的家園

人類從一種在自然界中走出來的自然生物，是如何邁進自己的文明，建築自己的家園的呢？人類的行為給自然界帶來了怎樣的後果呢？人類早已習慣以文明為家，而忘記了自己真正的故鄉——大自然。大自然給了我們滋養生息的事物，但是人類忘記對自然母親感恩，無止境地向母親索取。房龍認為，這是人類的危機所在：

對於麻木不仁的現代人，我們祖先當年丟棄樹枝、手杖，努力練習用後腿走路的姿勢一定顯得滑稽可笑。然而，恰恰在這笨拙的行走中，人類從原始邁向了文明。

地球的每一塊土地上幾乎都留下了人類的足跡，地球的每一份資源幾乎都掌握在人類的手中。即使還有曠野洪荒，我們也會憑借卓越的智慧、深遠的見地和手中的槍炮申請對這世間萬物的使用權。

地球是人類美好的家園，大自然是我們的母親。她生產充足的食物，供我們果腹充饑；她奉獻豐富的土石和森林，供我們建房造屋；那牧場上溫馴的羊群、開滿蘭花的亞麻田和中國桑樹養育的蠶繭編織出的衣物，供我們遮蔽風寒酷暑。我們的家園是美好的。大自然供養著人類一代又一代的子孫，祇需他們稍做投入，就可以在未來的歲月

中坐享其成。（《人類的家園》）

　　人類理所當然遭到了大自然瘋狂的報復，令自己休養生息的家園成為埋葬自己的墓園，承擔了無盡的後果：

　　但是，大自然也有她自己的法則。這些法則既公正又無情，沒有任何討價還價的餘地。大自然對人類的關愛是無私的，同時，她也要求人類遵從她的法則，服從她的意志。

　　大自然的首要法則就是同類之間的和平共處，友善相待。人類對此公然違抗，使我們不得不擔憂，我們有可能面臨種族滅絕的厄運。因為我們生存競爭中的敵人在時刻覷覦著時機。如果人類不願意或者不能夠繼續做這個世界的主宰，那麼，將有成千上萬的候選者等待推翻人類，登上地球之王的寶座。一個由貓、狗、大象或者其他什麼高級物種統治的星球總比被戰艦和重炮層層密布的星球更有價值。（《人類的家園》）

同類之間的侵害最為殘暴

對人類家園的毀滅還體現在另外一個方面：人類對自己的同類的侵害與殺戮。這是人類遠未走向文明的最為顯著的標誌。對此，房龍深惡痛絕，達到了痛心疾首的地步。他不止一次地說道：

誰也無法預料，人類前進的步伐會將自己引向何方。雖然我們從始祖那裡繼承下來的野蠻使人與人之間的殺戮比人類對動物或者樹木還要殘暴（這種野蠻行徑使人類文明的進程偏離了正常的軌道），但是，在過去四千年文明之光的引導下，我們還是能夠在未來創造出更多的輝煌。

這還不是人類犯下的諸多錯誤中最嚴重的。我們還在以另一種方式違忤著自然法則：人類是現存物種中惟一敵視同類的動物。狗不會吃狗，虎不會食虎，甚至最凶殘的鬣狗也能夠和它們的同類和平共處。可是，人卻仇恨人，人卻殺害人。今日世界，每個國家的頭等大事就是為屠殺鄰國做出快速反應。（《人類的家園》）

學會互相尊重

人類的希望何在呢？房龍認為我們必須學會相互尊重，必須學會尊重自己的大自然母親，才能讓人類免於滅亡的命運。房龍知道，這條道路艱辛而困難，但他還是對人類充滿著信心。

由於人類祖先的愚昧無知，我們誤入歧途，陷入悲慘危險的境地。人類將何去何從？我們如何走出這可悲可恥的困境？

尋找真正自救的出路需要假以時日，需要上百年的時間，需要循序漸進、痛苦而緩慢的教育過程。人類將由此覺悟到：大家都是這同一星球上的同路人，是旅伴，是鄰居，更是朋友。當我們發現地球是人類惟一的、共同的家園，捨此而外，別無棲身之所時，我們就會像火車或者輪船上的旅客，學會彼此尊重。

我們是同一星球上的旅伴，我們應該榮辱與共，同甘共苦。

叫我夢想家吧，叫我幻想家吧，或者干脆就叫我白痴。你可以請警察把我抓走，或者叫一輛救護車將我送進瘋人院，使我不再傳播這不受歡迎的異端邪說。但是，請記住我的話，在人類最終的大毀滅來臨之際，請記起我的

話。人類將被迫收起他們發動戰爭的玩意兒，將幸福的鑰匙交給更有資格的地球新主人。人類獲救的唯一希望在下面這句話中：

我們擁有同一星球，我們是伙伴和朋友，我們所有人都應對人類世界的幸福美滿擔負起共同的責任。（《人類的家園》）

後　記

這是一本小書，但是整個編選過程卻是一個浩大的工程，這不僅是說房龍浩如煙海洋洋幾百萬言的著作讓筆者有浩大之感，房龍對於關懷文明的博大胸懷讓筆者更能感受一種浩大的情懷。將房龍著述的這種浩大之感準確地向讀者傳遞，是筆者此項工作的最大心願。

編選和解讀的過程同時是一個學習的過程。閱讀房龍揮灑自如的文字，我不止一次地有幸運之感乃至幸福之感，這無疑是一次心靈相通的邂逅：房龍關心人類文明的過去、歷史與未來走向的古道熱腸讓我感動，房龍關注人類文明危機的深深憂心讓我深有同感。希望這本小書能夠引起讀者同樣的感動和同樣的憂心，也許這樣，人類文明最優秀的成果方可以繼續滋養一代代青年。

對組稿和編輯的老師們，我要表示自己深深的歉意，文稿拖延多日，是你們的寬容讓我能夠從容面對。對本稿編選有過幫助的所有人，理應獲得我的致謝。

謝謝……

國家圖書館出版品預行編目資料

房龍幸福語錄 / 趙良傑著. -- 修訂 1 版. -- 新北
市：黃山國際出版社有限公司, 2023.07
　　　　　　面；　　公分. -- （幸福語錄；003）
ISBN 978-986-397-138-2（平裝）
1.CST：房龍（Van Loon, Hendrik Willem, 1882-
1944） 2.CST：人生哲學

　　　191.9　　　　112005995

幸福語錄 003
房龍幸福語錄

著　　作　趙良傑
印　　刷　百通科技股份有限公司
　　　　　電話：02-86926066 傳真：02-86926016
出　　版　黃山國際出版社有限公司
　　　　　220 新北市板橋區縣民大道 3 段 93 巷 30 弄 25 號 1 樓
　　　　　電話：02-32343788　　傳真：02-22234544
E-mail　　pftwsdom@ms7.hinet.net
總 經 銷　貿騰發賣股份有限公司
　　　　　新北市 235 中和區立德街 136 號 6 樓
　　　　　電話：02-82275988　　傳真：02-82275989
　　　　　網址：www.namode.com
版　　次　2023 年 7 月修訂 1 版
特　　價　新台幣 280 元（缺頁或破損的書，請寄回更換）

ISBN： 978-986-397-138-2